Pagnol

Jacques Bens

Écrivains de toujours
SEUIL

En couverture : photo Lipnitzki-Viollet.

ISBN 2-02-018403-6.

Remerciements

Qu'il me soit permis de remercier ici tous ceux
qui m'ont aidé, et notamment
Mme Jacqueline Pagnol
pour ses précieux encouragements,
Mme Marianne Pagnol-Larroux
à qui nous devons de très nombreux documents inédits,
M. Jean-Paul Clébert
qui m'a ouvert ses inépuisables dossiers,
et M. Raymond Castans
dont l'érudition et la gentillesse ne sont plus à démontrer.

"SOCIÉTÉ NOUVELLE DES FILMS MARCEL PAGNOL" et "GAUMONT-DISTRIBUTION"

Présentent

MANON DES SOURCES
DEUX FILMS DE

Marcel Pagnol

DE L'ACADÉMIE FRANÇAISE

UNE ŒUVRE IMMENSE, ARDENTE ET GÉNÉREUSE, JOYEUSE ET GRAVE, DONT
LES ACCENTS REJOIGNENT CEUX DE "MARIUS", DE "LA FEMME DU BOULANGER",
D'"ANGÈLE"... UNE ŒUVRE QUI VIVRA AUSSI LONGTEMPS QUE LE CINÉMA.

PREMIER FILM	DEUXIÈME FILM
MANON DES SOURCES	**U G O L I N**

avec (par ordre alphabétique) ARDISSON · ARIUS · BERVIL · BLAVETTE · J.M. BON · M. CHABERT · L. DASSAS · DAXELY · DEL BOSCO
DELMONT · GOULIN · MARCELLE GENIAT · J. HÉLIA · CH. LUDE · MAFFRE · J. MARS · M. MARTY · M. MATHIS · PANISSE · RAYMOND PELLEGRIN · POUPON
RELLYS · A. ROUDIER · SARDOU · SARVIL · J. TOSCANE · A. TURCY · VALOIS · ROBERT VATTIER · HENRI VILBERT
et JACQUELINE PAGNOL . . . . . MANON DES SOURCES
Images: WILLY · Son: MARCEL ROYNE · Musique de RAYMOND LEGRAND

Demandez le Programme...

Analyse des œuvres le plus souvent citées dans les pages qui suivent.

Pirouettes (1920)

Écrit sous forme de feuilleton pour la revue *Fortunio*, ce premier roman s'est d'abord intitulé *Le Mariage de Peluque*. Il met en scène, outre ce pittoresque personnage, adolescent bohème et philosophe, le narrateur, Jacques Panier, et plusieurs de leurs condisciples au lycée Thiers. Il se passe dans le quartier de La Plaine, où les parents de Marcel Pagnol ont toujours habité. Le sens malicieux de l'observation, le pittoresque des descriptions et la vivacité des dialogues annoncent le futur auteur de *Marius* et des « Souvenirs d'enfance ».

Pirouettes a connu deux suites, où l'on retrouve à peu près les mêmes personnages. (C'est donc déjà une trilogie !) *La Petite Fille aux yeux sombres* (1921), qui parut également dans *Fortunio*, et *Les Amours de Lagneau,* qui resta inédit jusqu'à sa publication dans *Le Temps des amours* (posthume).

Jazz (1926)

Blaise, professeur de grec à la faculté des Lettres d'Aix-en-Provence, est sur le point d'acquérir la gloire universitaire et une chaire à la Sorbonne, grâce à la découverte, puis au savant déchiffrage, de *Phaéton,* un manuscrit inconnu et fragmentaire de Platon. Puis, c'est la catastrophe : son doyen lui apprend qu'un autre manuscrit, intact celui-là,

■ L'affiche de *Manon des sources* (1952).

du même texte, vient d'être mis au jour et qu'il ruine l'interprétation de Blaise. Bouleversé, celui-ci démissionne. Comme en un cauchemar, le fantôme de sa jeunesse lui apparaît alors pour lui reprocher tout le temps gaspillé en travaux inutiles, et notamment l'amour manqué. Il le pousse à faire une cour étouffante à Cécile, une de ses étudiantes, puis à la presser de l'épouser. La jeune fille est sur le point d'accepter ce sacrifice, par compassion pour le vieil homme brisé, quand Stépanovitch, un condisciple serbe qui l'aimait jusque-là profondément sans le lui dire, l'arrache à son triste destin. Resté seul, Blaise se suicide.

(Créateurs : Harry Baur, Orane Demazis, Pierre Blanchar.)

Topaze (1928)

Professeur à la pension Muche, et enseignant d'une rare intégrité morale, Topaze est congédié parce qu'il refusait de falsifier le bulletin scolaire du dernier de la classe, unique rejeton d'une riche baronne. Il est alors engagé comme homme de paille, à son insu, par Castel-Bénac, un conseiller municipal véreux qui va pratiquer, sous son nom, la concussion, la prévarication et le détournement de fonds publics. Un moment terrifié, mais aussi indigné, par les opérations malhonnêtes auxquelles il est associé, Topaze finit par « comprendre » que le monde dans lequel il vit n'est pas celui des proverbes lénifiants qu'il enseignait chez Muche. Il devient à son tour, mais avec plus d'intelligence et plus d'esprit d'entreprise que son maître, un intermédiaire douteux. Sa réussite matérielle et sociale prendra toute sa valeur symbolique quand il recevra les palmes académiques, sollicitées en vain du temps de sa mission éducatrice, et soufflera sa jolie maîtresse, Suzy Courtois, à Castel-Bénac.

(Créateurs : André Lefaur, Marcel Vallée, Pauley, Pierre Larquey, Jeanne Provost.)

Marius (1929)

Marius, fils de César, patron du bar de la Marine, sur le quai de Rive-Neuve à Marseille, rêve de partir au bout du monde. En vérité, plus qu'un rêve, c'est une véritable folie, à laquelle il ne peut résister. L'amour de Fanny, la petite marchande de coquillages, le retient quelque temps. Mais, quand elle comprend qu'il sera malheureux toute sa vie s'il ne s'embarque pas, elle feint de vouloir épouser les millions de Panisse, afin de rendre à Marius sa liberté. Celui-ci la croit un peu trop vite et s'en va sur un beau voilier. D'autres personnages pittoresques animent cette pièce : Honorine, la mère de Fanny, Escartefigue, le patron du « fériboîte », et M. Brun, jeune vérificateur des douanes lyonnais. Quelques scènes, comme la partie de cartes du troisième acte, ont acquis une célébrité mondiale.

(Créateurs : Raimu, Charpin, Pierre Fresnay, Orane Demazis, Alida Rouffe.)

Fanny (1931)

Trois mois après le départ de Marius, Fanny découvre que les quelques nuits qu'ils ont passées ensemble ont porté un fruit embarrassant. Contrainte par sa mère, qui la menace de sa malédiction, elle accepte d'épouser Panisse. Quand Marius revient, après un an d'absence, il s'efforce de reconquérir Fanny, mais elle refuse de quitter son mari, par honnêteté bien entendu, mais aussi parce qu'elle craint d'aliéner l'avenir de son enfant. César, qui survient au milieu d'une scène dramatique, car Fanny n'a jamais cessé d'aimer Marius, soutient la jeune femme et pousse son fils à repartir.

(Créateurs : Harry Baur, Charpin, Orane Demazis, Berval, Marguerite Chabert.)

Jofroi (1933)

Tiré d'un conte de Jean Giono, ce film réalise ce mélange de tragique et de bouffon que Marcel Pagnol affectionnait.
Vieux paysan de la Maussan, Jofroi a vendu son verger à Fonse. Mais quand il découvre que le nouveau propriétaire veut en arracher les arbres fruitiers pour y semer du blé, il voit rouge. Après avoir menacé Fonse de son fusil,

■ Grande vedette du music-hall, spécialisé dans la chanson populaire de Paris, Maurice Chevalier a composé un Panisse tout à fait inattendu pour la version américaine de *Fanny*, tournée en 1961 par Joshua Logan.

■ Affiche d'Albert Dubout pour le film tiré de *Marius*.
Dubout, humoriste célèbre et Marseillais, était un ami de longue date de Marcel Pagnol.

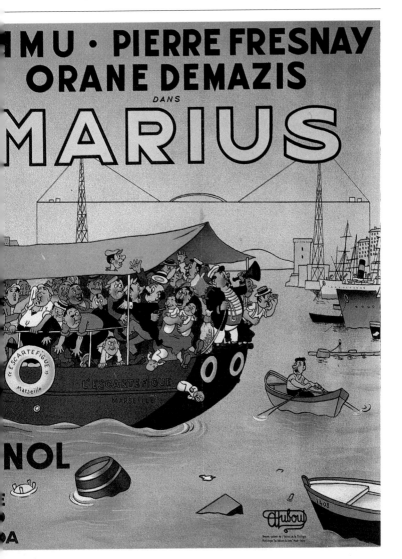

il change de tactique : il annonce à tout le village qu'il se suicidera si l'on touche à un seul de ses arbres. Comme on ne veut pas le prendre au sérieux, il effectue une quinzaine de tentatives, jetant ainsi l'effroi, la colère et la perplexité chez ses concitoyens. Accablé sous le poids de sa responsabilité, Fonse finit par en tomber malade. Le chantage de Jofroi ne dure que quelques semaines, car il meurt brusquement – d'apoplexie, par chance.

L'art de Marcel Pagnol est de ne pas faire disparaître, sous l'aspect burlesque de la situation qu'il traite à grands traits, l'amour profond et désespéré du vieux paysan pour ses arbres.

(Interprètes : Vincent Scotto, Henri Poupon, Blavette, Annie Toinon.)

■ Marcel Pagnol et Vincent Scotto (Jofroi) pendant le tournage de *Jofroi* (1933), tiré d'une nouvelle de Jean Giono. Comédien d'occasion, Vincent Scotto y crée un personnage de paysan d'une grande justesse.

Angèle (1934)

Deuxième des films de Pagnol tirés d'une œuvre de Giono (*Un de Baumugnes*), *Angèle* est également le plus poignant. Angèle, fille de Clarius et de Philomène,

pauvres paysans de la région de Lure, se laisse séduire par Louis, un pâle voyou marseillais, qui lui fait un enfant et la prostitue sans ménagements. Saturnin, que l'Assistance publique a confié à Clarius et qui a grandi dans la famille, part à la recherche d'Angèle. Il la trouve, en effet, coupe la gorge de Louis, qui se faisait menaçant, d'un coup de faucille et ramène la jeune femme. Clarius, fou de colère et de désespoir, refuse de la recevoir dans la maison. Il la séquestre, avec son enfant, dans une cave. Un paysan des montagnes, Albin, qui l'a rencontrée et aimée avant sa fuite à Marseille, vient demander sa main à Clarius et lui rend ainsi l'honneur aux yeux de tous. Il s'agit là, on le voit, d'une des œuvres de Marcel Pagnol traitant un sujet qui lui est cher : la rédemption par l'amour.

(Interprètes : Henri Poupon, Annie Toinon, Orane Demazis, Fernandel, Jean Servais, Andrex, Delmont.)

Merlusse (1935)

C'est la veille de Noël dans un grand lycée de province. (Le film a été tourné au lycée Thiers, à Marseille.) Une vingtaine d'internes, plus ou moins abandonnés par leurs parents, doivent passer les fêtes dans l'établissement. Le surveillant qui doit s'occuper d'eux, M. Blanchard, surnommé Merlusse, un grand gaillard solide et borgne, est particulièrement craint et détesté. Pourtant, pendant la nuit, il glisse un modeste cadeau dans les chaussures de chaque enfant. En retour, chacun d'eux lui offre un objet sans valeur marchande, mais auquel il tient. Avec son caractère sentimental un peu appuyé, *Merlusse* ne veut rien être d'autre qu'un joli conte de Noël dans la manière d'Andersen.

(Interprètes : Henri Poupon, Thommeray, André Robert, Annie Toinon, Jean Castan.)

Cigalon (1935)

L'excellent cuisinier Cigalon a ouvert un restaurant dans un village des environs de Marseille. Mais, moitié par indolence, moitié par orgueil, il refuse désormais de faire

■ Henri Poupon dans le rôle-titre de *Merlusse* (1935). Ce film, qui reçut un chaleureux accueil de la critique et du public, confirma le talent d'Henri Poupon, déjà remarqué l'année précédente dans *Angèle*.

la cuisine, considérant que ses éventuels clients ne sont pas dignes de ses talents. Une concurrente, Mme Toffi, plus modeste mais plus active, s'installe de l'autre côté de la rue, et son établissement ne désemplit pas. Furieux, il lui arrache la pratique d'un monsieur élégant et distingué. Or, ce dernier est un médiocre truand, dont des confrères hargneux veulent la peau, et qui n'a rien trouvé de mieux pour leur échapper que de se faire condamner à six mois de prison pour grivèlerie. Quand il s'en aperçoit, Cigalon, qui redoute les sarcasmes de Mme Toffi, refuse de porter plainte et reconduit son farceur avec tous les honneurs dus à un client de marque.

(Interprètes : Arnaudy, Henri Poupon, Alida Rouffe, Blavette.)

César (1936)

Vingt ans après son mariage avec Fanny, Panisse meurt. Le curé Elzéar contraint la jeune femme d'avouer à son fils Césariot, devenu un brillant polytechnicien, l'identité de son véritable père. Césariot, évidemment bouleversé, s'efforce de savoir ce que celui-ci est devenu. Marius s'est installé à Toulon, où il exploite un atelier de mécanique. Ils se rencontrent. À la suite de quelques quiproquos tragi-comiques, Césariot assure les retrouvailles de ses parents qu'il encourage à finir leur vie ensemble.

(Interprètes : Raimu, Charpin, Orane Demazis, Pierre Fresnay, Alida Rouffe, André Fouché.)

Regain (1937)

Avant-dernier film de Pagnol tiré d'une œuvre de Giono, *Regain* est le moins désespéré de tous. Le village d'Aubignane, dans les collines qui dominent Banon, s'est peu à peu vidé à cause de la dureté de la vie quotidienne. N'y vivent plus que deux personnes : la Mamèche, une vieille Italienne, et Panturle, un grand gaillard d'une quarantaine d'années qui, contre toute raison, s'entête à ne pas quitter sa maison natale, tout en se laissant aller à une vie de plus en plus animale. Traversent le pays Gédémus, le rémouleur, et Arsule, sa compagne. Arsule, qui ne sup-

■ Marguerite Moreno (la Mamèche) dans *Regain* (1937), tiré du roman de Jean Giono. Célèbre comédienne des années vingt, Marguerite Moreno fait ici une remarquable composition de vieille paysanne.

porte plus la vie errante, quitte Gédémus pour Panturle. Celui-ci, comblé par ce cadeau inattendu, se transforme. Il arrange sa maison et se remet au travail des champs. Quelques mois plus tard, un autre couple, qui a déjà deux enfants, vient s'installer près d'eux. Est-ce le signe d'une renaissance du vieux village ? Peut-être, puisque le film se termine sur le symbole que tout le monde attend : Arsule annonce à Panturle qu'elle porte l'espoir d'une nouvelle vie.

(Interprètes : Gabriel Gabrio, Orane Demazis, Fernandel, Marguerite Moreno.)

Le Schpountz (1937)

Irénée Fabre, neveu d'un modeste épicier de l'arrière-pays d'Aubagne, est fou de cinéma. Il est même persuadé de son destin de future vedette. Si bien que, le jour où une équipe de cinéastes vient tourner des extérieurs sur les collines qui entourent son village, il se présente à eux. Ceux-ci reconnaissent le personnage. Ils lui ont même donné un nom : c'est ce qu'ils appellent un *schpountz*. Pour se divertir de lui, ils lui rédigent un faux contrat, qu'il prend très au sérieux. Il rejoint donc la joyeuse équipe à Paris, où il comprend enfin qu'on s'est joué de lui. Attendri, le producteur lui offre une place d'accessoiriste, où il réussit fort bien. Puis, le miracle a lieu : on lui propose un rôle, qu'il refuse d'abord et qui le rendra célèbre. Mais un second malentendu se produit : alors qu'il croyait faire pleurer les foules, c'est à son talent de comique qu'il doit son succès. Fernandel effectue, dans un rôle assez ambigu, un beau numéro d'acteur, à la fois émouvant et drôle.

(Interprètes : Fernandel, Charpin, Orane Demazis, Odette Roger, Jean Castan.)

La Femme du boulanger (1938)

Toujours tiré d'une nouvelle de Jean Giono, *La Femme du boulanger* est un film où le génie de Raimu éclate à chaque plan. Aimable, un boulanger qui frise la soixantaine, vient de s'installer dans un village provençal. Tout le monde admire la qualité de son pain et s'en réjouit. Le lendemain de son arrivée, sa femme Aurélie, qui a trente ans de moins que lui, s'enfuit avec un des bergers du marquis, maire et châtelain du pays. Refusant d'abord d'admettre, puis de comprendre, son infortune, le boulanger décide qu'il ne fera plus de pain tant que sa femme ne sera pas revenue. Devant cette terrible éventualité, tout le village part à la recherche des amoureux. On les trouve assez vite, vautrés dans une hutte de branchages, au milieu d'un marais voisin. Sachant son berger très pieux, le marquis engage le curé à se rendre auprès des fugitifs pour les ramener à la maison. Mais le curé ne connaît pas le marais, réputé dangereux. L'instituteur du pays, qui a souvent chassé dans le coin, accepte d'enfiler ses grandes bottes et de le porter sur son dos. L'entreprise est couronnée de succès : terrifié à la vue du prêtre brandissant un crucifix, le berger abandonne sa belle et s'enfuit. Aurélie rentre au bercail et, dans un geste un peu trop symbolique peut-être, rallume le four.

(Interprètes : Raimu, Ginette Leclerc, Charpin, Robert Vattier, Charles Moulin.)

La Fille du puisatier (1940)

Pascal est puisatier dans les environs de Salon. Sa femme est morte plusieurs années auparavant, en lui laissant six filles à élever. L'aînée, Patricia, est séduite par un bel aviateur, fils du plus riche quincaillier de la ville, la veille de son départ pour la guerre. Quelques mois plus tard, Patricia donne le jour à un enfant, dont les grands-parents présumés, craignant un chantage à la paternité, ne veulent pas entendre parler. On apprend alors la disparition du séducteur au cours d'un combat aérien. Le chagrin fait revenir les quincailliers à de meilleurs sentiments. Pour finir, l'aviateur, qui avait pu sauter en parachute, réapparaît, retrouve Patricia et l'épouse.

(Interprètes : Raimu, Josette Day, Fernandel, Charpin, Line Noro, Georges Grey.)

Manon des sources (1952)

Au village des Bastides Blanches, Ugolin a ruiné Jean le Bossu, dit Jean de Florette, en tarissant l'eau de sa source. Jean est mort peu après, d'épuisement et de désespoir. Sa femme et sa fille Manon ont dû vendre, pour une poignée de figues, leur bien à Ugolin. Elles se sont retirées dans une grotte qu'elles ont aménagée. La mère est à peu près folle. Quant à Manon, elle court les collines avec ses chèvres pour y trouver leur maigre subsistance. Considérée comme sorcière, et presque persécutée par les villageois, elle décide de couper à son tour l'eau de leur fontaine pour se venger d'eux. L'intervention du jeune instituteur, qui agit comme un révélateur des tensions souterraines et des vieilles rancunes, rétablit la justice. Manon rend l'eau à la fontaine. Ugolin, qui lui voue un amour désespéré, se pend à un olivier (arbre de paix pourtant – mais il est difficile, ici, de ne pas songer à la mort de Judas) après avoir restitué leurs biens aux deux femmes. Alors, le maître d'école épouse la bergère.

(Interprètes : Jacqueline Pagnol, Raymond Pellegrin, Rellys, Robert Vattier, Henri Vilbert, René Sarvil.)

■ Marcelle Géniat (Baptistine) et Jacqueline Pagnol (Manon) dans *Manon des sources* (1952). Ce film sera à l'origine d'un roman en deux volumes, publié en 1962 sous le titre *L'Eau des collines*.

Judas (1955)

Pas convaincu par la version officielle de la trahison de Judas, Marcel Pagnol en donne une autre, plus théâtrale : dans la tragédie de la Passion, tout le monde a son rôle à jouer, et quelqu'un doit se dévouer pour interpréter celui du traître. Croyant qu'il est dans les desseins de Dieu de faire crucifier son fils, afin d'en faire le véritable Sauveur, Judas accepte cette tâche épouvantable. Il est, d'ailleurs, persuadé que Jésus, au suprême moment, et pour l'édification définitive des hommes, manifestera publiquement sa divinité. Bouleversé par sa mort très « humaine », et sur le point de douter de lui, il se pend.

Cette thèse a eu le privilège d'agacer à la fois les juifs et les chrétiens. Généreuse et charitable, elle n'a pourtant rien de sacrilège – hormis sa prétention à interpréter les Évangiles autrement que les docteurs de l'Église.

(Créateurs : Raymond Pellegrin, Jean Servais, Jean Chevrier, Daxely, Micheline Méritz, Suzanne Rissler.)

La Gloire de mon père (1957)

Premier volume des « Souvenirs d'enfance », *La Gloire de mon père* a très vite connu un immense succès. Marcel Pagnol y décrit ses premières années, à Aubagne, à Saint-Loup, puis dans le quartier de La Plaine, à Marseille. Il y raconte aussi comment ses parents ont loué, de compte à demi avec l'oncle Jules et la tante Rose, une grande maison, appelée La Bastide Neuve, perdue dans les collines au-delà de La Treille. Dans ce lieu enchanteur (et enchanté), le petit Marseillais découvre la vie libre et passionnante des collines.

L'épisode le plus célèbre est celui de cette matinée de chasse où son père, fusil débutant, réussit un double « coup du roi » sur deux bartavelles, assurant ainsi sa « gloire » dans tout le pays.

Le Château de ma mère (1957)

Deuxième tome des « Souvenirs d'enfance », *Le Château de ma mère* se situe encore dans les collines de La Treille. On y fait d'abord la connaissance de Lili des Bellons, un

fils de braconnier qui devient le meilleur ami de Marcel.
Puis l'auteur nous raconte l'aventure suivante.

Pour rejoindre La Bastide Neuve, depuis l'arrêt du
tramway de La Barasse, il y a quatre heures de marche.
Grâce à un ancien élève devenu « piqueur au canal »,
Joseph trouve un raccourci qui lui permet de gagner
plus de deux heures sur l'itinéraire habituel. L'ennui,
c'est que le nouveau trajet traverse quatre propriétés
privées, mais généralement abandonnées. Sur l'une
d'elles, le château de La Buzine, la famille chargée de
paquets finit par rencontrer un garde de mauvaise composition. Le procès-verbal et le rapport administratif (la
honte pour un instituteur public !) ne sont évités que
par un chantage, odieux mais réussi, exercé sur le cer-
bère par l'homme du canal.

Trente ans plus tard, apprenant que La Buzine est en
vente, Marcel Pagnol l'achète, une façon symbolique et
pieuse d'offrir à sa mère le château dont un chien de
garde l'avait un jour chassée.

Le Temps des secrets (1960)

Troisième tome des « Souvenirs d'enfance ». Le petit
Marcel a grandi. Près de La Bastide Neuve, il fait la
connaissance d'une adorable petite fille, Isabelle, dont
le père est un poète exubérant et la mère une sorte de
princesse lointaine. Le voilà donc amoureux pour la
première fois, au point d'abandonner son ami Lili.

Un peu plus tard, il entre en sixième au lycée Thiers,
s'ouvrant ainsi sur un nouveau monde et de nouvelles
aventures.

Le Temps des amours (1977)

Quatrième tome des « Souvenirs d'enfance ». Ont été re-
cueillis, dans ce volume, des épisodes effectivement des-
tinés par Marcel Pagnol à la suite du *Temps des secrets*. Ils
comprennent des récits des collines, avec un mémorable
championnat de boules, et des évocations du lycée Thiers.

Les Amours de Lagneau, troisième volet de la trilogie
de *Pirouettes,* sont publiés ici pour la première fois.

■ Le Vieux-Port, au
début du siècle.
Au premier plan,
le quai des Belges,
avec les vedettes
pour le château d'If.
À droite, le quai du
Port, où s'élève la
mairie. Au fond,
le Pont-Transbordeur.

PROLOGUE

Je suis né au printemps 1931, sur le flanc oriental de la chaîne de l'Étoile. Au même moment, à neuf cents kilomètres de là, dans les célèbres studios de la Paramount, à Saint-Maurice, Marcel Pagnol s'apprêtait à faire ses débuts au cinéma en tournant *Marius*.

Je ne l'ai su que longtemps après, car c'est par la version écrite de ses œuvres que je l'ai d'abord découvert. On n'allait jamais au théâtre, chez moi, et rarement au cinéma. Mais les livres de Marcel Pagnol, encore peu nombreux, trônaient, y compris *Pirouettes* en (modeste) édition originale, dans la bibliothèque familiale. À la moindre occasion, les citations de *Marius* sonnaient, à la maison, comme des proverbes.

Aux alentours de ma dixième année, j'ai passé de nombreux dimanches à arpenter les collines de La Treille. Il s'en fallait de plus de quinze ans que l'on connaisse les aventures des petits Pagnol à La Bastide Neuve. Mais nous pouvions y contempler, avec une véritable émotion, les ruines artificielles d'Aubignane, le village de *Regain*.

Je suis également de ceux, de plus en plus rares, qui sont montés sur le Pont-Transbordeur, ont traversé le Vieux-Port sur le *fériboîte* et se souviennent de la statue de Victor Gelu.

Loin de me donner une assurance particulière, cette familiarité avec l'univers de Marcel Pagnol aurait plutôt tendance à m'intimider. Il est vrai que je n'ai pas le goût des confidences et que je ne parle pas volontiers de ce qui me touche de près.

Au reste, l'on peut se demander quel est l'intérêt d'écrire un livre sur Marcel Pagnol, alors que Pagnol lui-même a publié plusieurs ouvrages autobiographiques, et non seulement ses célèbres « Souvenirs d'enfance », mais d'autres souvenirs, de théâtre et de cinéma, ceux-là.

Ce livre s'efforcera naturellement de répondre à cette question. Mais deux remarques s'imposent tout d'abord.

L'une : dans ses écrits autobiographiques, tout comme dans ses œuvres de fiction, Pagnol se révèle le merveilleux *conteur* qu'il a toujours été. Cela signifie notamment qu'il a moins choisi de nous faire des révélations que de raconter des épisodes propres à mettre en valeur sa verve et son sens du récit.

L'autre : dans ces mêmes écrits, il montre toujours une grande discrétion sur son domaine privé – amours, affaires, vie familiale. Nous ne manquerons pas de l'imiter ici.

Car ce volume ne prétend pas être une biographie, ni un essai critique, mais souhaite seulement découvrir quel éclairage une œuvre, celle de Marcel Pagnol, jette sur la connaissance de son auteur. Et, peut-être, vice versa.

■ La maison de Panturle, le paysan attaché à sa terre, à « Aubignane » sur les barres de Saint-Esprit, dans les collines qui dominent La Treille.
C'est dans ce village, « construit en ruines », que Marcel Pagnol a tourné *Regain* (1937), d'après l'œuvre de Jean Giono.

ENFANCE

Je suis né dans la ville d'Aubagne, sous le Garlaban
couronné de chèvres, au temps des derniers chevriers.

(La Gloire de mon père, p. 15.)

Notre enfance nous colle à la peau. Certains s'en félicitent et la portent en bandoulière. D'autres, même s'ils y pensent souvent, n'en parlent pas volontiers.

Il semble que Marcel Pagnol n'en soit jamais sorti. Il a conservé, jusqu'à ses derniers jours, cette hardiesse, cette faculté d'enthousiasme et d'émerveillement qui sont des vertus de jeunesse, et que la plupart des hommes perdent en atteignant l'âge adulte.

Elles sont en effet le privilège de ceux qui ont vécu une enfance heureuse, pleine d'émotions et de découvertes dont ils nourriront toute leur vie, enrichissant leurs entreprises de cette étincelle de charme qui assure leur réussite.

Marcel Pagnol a connu deux enfances parallèles – double richesse, donc : l'une citadine, l'autre campagnarde, chacune apportant son lot d'apprentissages et d'éblouissements.

Au fond, Marcel Pagnol nous a très peu parlé de son enfance citadine (de son adolescence, oui), un peu comme si elle allait de soi. Reste à la deviner.

Né à Aubagne le 28 février 1895, il n'y resta que dix-huit mois. Il vécut ensuite trois ans à Saint-Loup, dans la banlieue orientale de Marseille. Quand son père, Joseph, nommé instituteur aux Chartreux (qui n'est pas une institution religieuse, mais un quartier), s'installa en ville pendant l'été de 1900, il avait donc cinq ans et demi.

■ Marcel Pagnol à deux ans et demi. La trompette semble n'avoir déterminé chez lui aucune vocation musicale.

■ La famille Pagnol au début du siècle. Debout, Joseph, assise, Augustine, avec Germaine (née en 1902) sur ses genoux, Paul (né en 1898) à sa droite, et Marcel à sa gauche.

ENFANCE Pendant deux ans, il grandit dans un appartement de fonction de l'école, laquelle constituait un univers fermé, avec notamment un vaste terrain de jeux privé : la cour de récréation, à sa disposition en dehors des heures de classe, c'est-à-dire près des deux tiers du temps sans compter les vacances. En 1902, ses parents quittèrent le logement scolaire pour la rue Tivoli. Marcel venait d'avoir sept ans, l'âge où l'on commence à sortir de la maison pour découvrir le monde qui l'entoure.

Au début de ce siècle, Marseille était assez différente de ce que l'on peut en voir aujourd'hui, moins par son aspect général que par les mille détails quotidiens qui font la vie d'un enfant. Ainsi, ce n'était pas encore un univers plein de périls et d'interdictions. Il n'y avait pas d'automobiles dans les rues, on pouvait vivre les fenêtres ouvertes, les bûcherons municipaux n'avaient pas coupé les platanes pour élargir les chaussées, commerçants et artisans envahissaient les trottoirs à la belle saison, les relations de voisinage avaient un sens immédiat, qui ne répondait pas à une conception idéologique de la convivialité.

Marseille n'est pas, n'a jamais été, un gros village : c'est une juxtaposition d'une trentaine de villages, dont les plus éloignés sont distants d'une quinzaine de kilomètres à vol d'oiseau, qui peuvent mener une vie autonome et qui ne communiquent, encore aujourd'hui, guère entre eux. On ne voit du reste pas bien ce qu'un habitant de Saint-Louis ou du Merlan irait faire à La Madrague ou à La Valbarelle, à moins qu'il y ait de la famille.

Arrivé donc à cinq ans et demi dans le quartier de La Plaine, Marcel Pagnol y resta, tout en tournant autour de la célèbre place au gré d'adresses successives (rue du Jardin-des-Plantes, rue Tivoli, rue Terrusse, cours Lieutaud, rue Marengo, cours Julien), jusqu'à ce qu'il quitte le domicile paternel.

C'est un quartier à deux visages, avec son versant bourgeois (celui qui descend vers l'ouest, sur la Canebière et le Palais-Longchamp), et son versant populaire

■ La maison où Marcel Pagnol est né, le 28 février 1895, au 16 du cours Barthélemy, à Aubagne.

(qui s'éloigne du centre-ville, vers le boulevard Baille et la rue de Lodi).

C'est là que, tout naturellement, Marcel Pagnol a situé sa première œuvre importante, *Pirouettes,* un roman plein de malice et de tendresse, composé en 1918 à l'intention des lecteurs de la revue *Fortunio.* Voici comment le jeune écrivain y décrit ce qui s'appelait encore la Plaine Saint-Michel[1] :

> La Plaine Saint-Michel est une grande place de Marseille. Le vent y souffle tiède, les bruits y sont gais, et le soleil y brille plus clair qu'en aucun endroit du monde. Elle est entourée sur ses quatre faces par une double rangée de platanes. Entre ces deux lignes d'arbres s'allonge une allée de bitume ; de distance en distance, des bancs invitent les promeneurs [...].
>
> Le matin, la Plaine est occupée par un marché aux légumes. Puis des balayeurs nourris d'apéritifs poussent au ruisseau des verdures flétries. Sur les deux heures, des nourrices y viennent mûrir au soleil. Ces femmes méga-mammées causent entre elles dans la langue de Silvio Pellico. Elles parlent de leur mari, qui fume sa pipe à Ospedaletta ou à Matta-Buluffo : il se repose de leur avoir donné du lait. Jusqu'au soir, avec des aiguilles brillantes, elles tricotent de longues choses qui traînent par terre [...].
>
> Cependant, au creux blanc des voitures légères s'endorment des enfantelets ; ils sommeillent en faisant de petites grimaces, à cause des mouches qui viennent se poser sur leurs lèvres, comme autrefois les abeilles sur la bouche du divin Platon. (*Pirouettes,* p. 17.)

On notera la référence méditerranéenne que, grâce aux nourrices italiennes et aux abeilles de l'Hymette, Marcel Pagnol donne d'entrée de jeu à sa ville presque natale... Il s'agit là d'un souci que nous retrouverons constamment dans son œuvre. Voilà pour le plancher des vaches.

■ Double page suivante : La nacelle du Pont-Transbordeur, qui transportait les piétons, les voitures à cheval et les automobiles, entre le quai de la Tourette et le boulevard du Pharo.
Mis en service le 24 décembre 1905, le Pont-Transbordeur a été détruit dans les années qui ont suivi la Seconde Guerre mondiale.

1. Aujourd'hui place Jean-Jaurès. Eh oui !

Mais les rues Terrusse et Tivoli se trouvent, à vol de mouette, à moins d'un mille marin du Vieux-Port. En arrivant par la Canebière, le moussaillon découvrait devant lui le quai des Belges ; à bâbord, le quai de Rive-Neuve, avec la criée aux poissons, le bassin de carénage, le fort Saint-Nicolas et le Pharo ; à tribord, le quai du Port, avec la statue de Victor Gelu, la mairie de Pierre Puget, le clocher des Accoules et le fort Saint-Jean ; en face, le Pont-Transbordeur, puis le grand large, c'est-à-dire l'Espagne et l'Océan, puisque l'ancien Lacydon s'ouvre sur le couchant. Au milieu : des barques pour la pêche côtière, des bateaux à voiles et des navires à vapeur, des grands et des petits, ceux qui ne dépassaient pas le Frioul et ceux qui allaient jusqu'en Corse, en Grèce, en Inde, en Malaisie.

Marcel Pagnol découvrit la campagne, la vraie, pendant l'été de 1904, à l'âge de neuf ans et demi. Jusque-là, il avait vu des arbres, des jardins, des pentes boisées et des cimes rocheuses, car Saint-Loup était, au début du siècle, une bourgade rurale (elle l'est restée jusqu'aux années cinquante). Mais voilà qu'il allait vivre pendant plusieurs semaines dans une bastide lointaine, à une heure de marche du premier village, au milieu d'un immense paysage de crêtes et de vallons, de bois et de garrigues, plein de solitude et de silence.

Eh bien, non, tout compte fait, ce n'est pas la vie de la campagne que Marcel et son frère Paul ont découverte à La Bastide Neuve : c'est la *vie des collines*, ce qui est tout différent. La première est celle des cultivateurs et des éleveurs. Elle est austère, souvent harassante, presque toujours monotone, rythmée par la course du soleil, le retour des saisons et le temps qu'il fait. La seconde est la vie des chasseurs et des poseurs de pièges. Aussi rude que l'autre, et peut-être davantage, elle est pleine de diversité, d'aventures et de surprises.

C'est à La Bastide Neuve que Marcel Pagnol apprit à connaître et à aimer l'autre face du monde, celle que les hommes n'ont pas encore colonisée, même s'ils l'habitent parfois, même s'ils la parcourent, certains jours de l'année, un fusil sur l'épaule ou un panier à la main.

> Derrière la maison, les pinèdes formaient des îlots sombres dans l'immense garrigue, qui s'étendait, par monts, par vaux et par plateaux, jusqu'à la chaîne de Sainte-Victoire. La Bastide Neuve était la dernière bâtisse, au seuil du désert, et l'on pouvait marcher pendant trente kilomètres sans rencontrer que les ruines basses de trois ou quatre fermes du Moyen Âge et quelques bergeries abandonnées […].
>
> En me couchant, à demi conscient, je décidais chaque soir de me réveiller à l'aurore, afin de ne pas perdre une minute du miraculeux lendemain. Mais je n'ouvrais les yeux que vers sept heures, aussi furieux et grommelant que si j'avais manqué le train […].
>
> Nos jeux furent d'abord la chasse aux cigales, qui suçaient en chantant la sève des amandiers. Les premières nous échappèrent, mais nous fûmes bientôt d'une adresse si efficace que nous revenions à la maison entourés d'un halo de musique, car nous en rapportions des douzaines qui continuaient à grésiller dans nos poches tressautantes. Il y eut la capture des papillons, des sphinx à deux queues et aux grandes ailes blanches bordées de bleu, qui laissaient sur mes doigts une poudre d'argent. (*La Gloire de mon père*, p. 102-104.)

Aidé de son frère Paul, qui avait trois ans de moins que lui, il explora donc les environs, grimpa sur les arbres, herborisa, organisa des jeux de cirque avec des mantes religieuses et des fourmis.

Plus tard, avec Lili des Bellons, un véritable enfant des collines, lui, les jeux changèrent de nature : il apprit à devenir un *vrai* trappeur, sachant s'orienter à partir des échos, machinant de vraies approches, posant de vrais pièges, attrapant de vraies proies. Il lui arriva même d'accomplir une action héroïque : la capture d'un monstrueux serpent de 3,20 mètres de long, une *Colubra viri-*

1 9 0 5

Ce pouvoir de séduction sur son entourage en culottes courtes, d'où le tient-il ?

D'abord, il est beau. De la beauté provençale la plus pure, toute de finesse. De grands yeux rieurs, un sourire d'ange, de longs cheveux noirs aile-de-corbeau qu'il sait coiffer dans le flou. Cette harmonie de la chevelure, le potache Marcel Pagnol passe des heures le matin à la composer, peigne en main, devant l'armoire à glace de sa chambre à coucher. Et elle a l'air naturelle : du grand art. C'est important, la beauté, à Marseille.

Ensuite, il a un charme et un humour irrésistibles. Il sait comme personne trouver la repartie qui fait mouche, placer le clin d'œil qui désarme, mettre les rieurs de son côté, raconter une anecdote où il a le rôle ridicule et en rire, conquérir son auditoire.

Raymond Castans, *Marcel Pagnol, biographie.*

diflavus (selon le curé de La Treille), devenu depuis longtemps un mythe pour les gens du pays.

Il s'exerça enfin à résoudre seul les problèmes que rencontre, dix fois par jour, un petit sauvageon et dont il ne convient pas d'informer les grandes personnes. *Résoudre seul ses problèmes*, il s'agit là d'un apprentissage qu'une vie trop civilisée ne permet plus guère aujourd'hui, et qui constitue cependant un grand avantage quand on pénètre, l'enfance révolue, dans l'univers des adultes.

Il est beaucoup question de l'enfance dans l'œuvre de Marcel Pagnol, sous ses deux formes : celle des « Souvenirs d'enfance » et celle de la fiction. La plus connue est naturellement la première, qui constitue plus qu'un hommage : une véritable déclaration d'amour à son pays natal et à ses parents. On peut même se demander dans quelle mesure elle ne représente pas une sorte de « réconciliation définitive » entre le père et le fils (qui, après n'avoir pas supporté la mort de sa mère en 1910, n'avait pas bien vécu le remariage de Joseph, en 1912) – ou plutôt du fils avec le père, cinq ans après la mort de ce dernier.

L'autre, quoique moins apparente, n'en est pas moins significative. En effet, les enfants sont présents dans une douzaine d'ouvrages de fiction, avec des rôles naturellement différents. Faisons le compte.

Ils apparaissent premièrement comme personnages, parfois de premier plan, parfois secondaires, dans *Topaze* et *Merlusse* ; deuxièmement comme simples éléments du décor humain dans *Jofroi, Cigalon, Le Schpountz, La Femme du boulanger, Manon des sources, Judas* ; troisièmement comme moteurs de l'action dans *Fanny, Angèle, Regain* et *La Fille du puisatier*.

Le deuxième cas ne mérite pas qu'on s'y arrête : que le Judas de l'Évangile appartienne à une famille nombreuse n'a rien de surprenant. Et tout cinéaste, situant une ou plusieurs scènes sur une place de village, ne peut éviter, sous peine d'être taxé d'irréalisme, d'y introduire quelques enfants.

Le premier, en revanche, est plus intéressant. On observera, par exemple, que les scènes de classe de *Topaze* et de *Merlusse* sont fortement inspirées par les souvenirs de lycée de leur auteur. Notons qu'elles auraient pu naître de son expérience de professeur : après tout, il a fait la classe pendant onze ans, de 1915 à 1926. Mais non : c'est le lycée Thiers qui l'emporte, peut-être parce que le jeune Marcel a été plus heureux dans un cas que dans l'autre. On relèvera notamment la scène du moulinet à musique de *Topaze* (I, 12), calquée sur celle qui oppose Payre, le rusé maître d'internat, à Berlaudier, l'élève roucouleur.

Nous reparlerons du troisième cas dans le chapitre consacré aux relations avec les parents, parce qu'il dépasse

le simple cadre de l'enfance. Bornons-nous à relever ici l'importance que Marcel Pagnol, à quatre reprises, accorde à une naissance prochaine, dont trois constituent le point de départ (accablant) de l'action dramatique.

Ces considérations ne sont pas aussi banales que pourrait le laisser croire la place, plus considérable

■ La classe de troisième du lycée Thiers pour l'année scolaire 1909-1910. Marcel Pagnol est le deuxième à gauche du troisième rang. À sa droite, Albert Cohen, futur auteur de *Belle du Seigneur*. Assis par terre à l'extrême gauche, Fernand Aviérinos, qui devait devenir médecin. Ces deux camarades de jeunesse de Marcel Pagnol resteront ses grands amis jusqu'à la fin de sa vie.

encore, que tient l'enfance dans la vie réelle. Que l'on jette un simple coup d'œil sur l'œuvre des contemporains de Marcel Pagnol, en les choisissant les plus divers possibles : Gide, Montherlant, Mauriac, Audiberti, Aymé, Queneau, Aragon, Sartre, Camus..., on n'y trouvera pas de quoi remplir une cour de récréation.

■ Le Vieux-Port
au début des années
trente. On y voyait
alors de grands
bateaux.
Aujourd'hui, ce n'est
plus qu'un port de
plaisance.

AVENTURE

À l'entrée de l'un des ravins, se dressait une yeuse à
sept ou huit troncs, disposés en cercle, et ses ramures
d'un vert sombre surgissaient d'un îlot de broussailles,
où les déchirants argéras se mêlaient aux chênes-
kermès. Cette masse de verdure épineuse paraissait
impénétrable, mais je baptisai mon couteau
« machette » et j'entrepris de me frayer un passage.
(La Gloire de mon père, p. 184.)

AVENTURE On ne saura jamais si le goût de l'aventure était inscrit dans les gènes du jeune Marcel : on pourrait dire aussi bien que tous les enfants le possèdent, et surtout les garçons. Mais il est clair que les mois passés à parcourir les collines de La Treille, s'ils ne l'ont fait naître, l'ont puissamment développé. Quand la famille Pagnol arrive pour la première fois à La Bastide Neuve, les noms des sommets que François, le charretier, prononce : Tête rouge, le Taoumé, le Tubé, Garlaban, les Barres de Saint-Esprit, sonnent comme sonneront pour Marius, vingt ans plus tard, ceux des îles Sous-le-Vent, de Manille, de Suez, de Colombo, de Macassar.

Aventure est le maître mot de la vie et de l'œuvre de Marcel Pagnol. Sur les plans personnel, artistique et professionnel, il n'a cessé de prendre des risques, et la plupart de ses héros, et notamment de ses héroïnes, jouent leur avenir sur une idée fixe, une passion durable ou un coup de tête soudain.

■ Marcel Pagnol, fin des années vingt. Le « trois quarts dos » était alors fort à la mode.

Il y a deux raisons de se jeter dans l'aventure : aller voir ce qu'il y a derrière la porte ou au-delà de l'horizon, c'est celle de Marius ; et faire de ses rêves une réalité. Parfois elles se confortent l'une l'autre, et c'est ainsi que l'on découvre l'Amérique.

Quand Marcel Pagnol est parti pour la capitale, il n'y allait pas en explorateur, il savait ce qu'il voulait y trouver : un lieu où se nouerait son destin d'écrivain. Le pari n'en était pas moins risqué.

En effet, en 1922, pour un professeur débutant et provincial de vingt-sept ans, s'exiler à Paris n'était pas une mince affaire. Il y avait du Rubempré dans une telle décision, et le spectre était grand des illusions perdues pour les jeunes aventuriers du théâtre et de la littérature. C'est un peu comme si, aujourd'hui, ils allaient s'installer à Los Angeles – et encore : sur ces distances-là, nos avions sont plus rapides que leurs trains, et ni leurs familles ni leurs amis ne disposaient, comme les nôtres, du téléphone. La coupure était profonde et paraissait parfois irrémédiable.

Pourtant, son départ ne semble avoir surpris aucun de ses proches. Comme devait le confier l'un d'eux, Gabriel d'Aubarède, ils étaient tous persuadés qu'il ne tarderait pas « à faire parler de lui là-haut, tant les puissances conjuguées de son talent, de sa volonté et de son ambition paraissaient à tous évidentes ».

Quatre ans plus tard, au lendemain du succès, pourtant modeste, des *Marchands de gloire,* Marcel Pagnol franchit un pas de plus. Mieux, même : il se jeta franchement à l'eau. Se mettant officiellement « en congé illimité sans traitement » de l'Éducation nationale, il renonça à l'enseignement. Il ne devait jamais retourner dans une salle de classe – sauf dans celles qui seraient reconstituées sur une scène de théâtre ou sur un plateau de cinéma.

Cette première aventure, on le sait, tourna vite au triomphe. Les rapides succès de *Topaze* (1928), puis de *Marius* (1929) et *Fanny* (1931), auraient normalement dû encourager leur auteur à se retirer à la campagne, qu'il aimait, pour se consacrer paisiblement, le reste de sa vie,

à son œuvre dramatique. Pas du tout, il se lança dans une nouvelle aventure, et plus risquée que la précédente : mécontent de la façon dont les patrons de la Paramount avaient produit la version cinématographique de *Marius,* et plus encore celle de *Topaze,* il fonda, en 1932, avec Roger Richebé, la société de production Les Films Marcel-Pagnol, et entreprit à son compte le tournage de *Fanny.* Le risque était double, cette fois. D'une part, le jeune producteur abordait un métier et un milieu qu'il connaissait mal. D'autre part, le cinéma parlant n'avait que trois ans d'âge, sa technique était encore élémentaire, et son avenir commercial loin d'être assuré. Il est vrai que la présence de Roger Richebé constituait un atout décisif : si ce professionnel avisé acceptait de soutenir les projets de Pagnol, c'est qu'il croyait à leur réussite.

D'autres aventures allaient suivre, généralement liées au cinéma, comme la construction des studios de Saint-Giniez, à Marseille, l'acquisition du château de La Buzine, aux Camoins, ou l'utilisation du procédé Roux-color pour *Manon des sources.* Quant à l'Académie française, ne représentait-elle pas, avec le genre un peu suranné du discours de réception, tout à la fois une épreuve nouvelle et une autre forme de défi ?

Nous verrons d'ailleurs un peu plus loin que c'est précisément ce goût du risque, cette audace, que les détracteurs de Marcel Pagnol lui ont le plus vivement reprochés, sous des appellations diverses. Ce qui pourrait bien vouloir dire qu'il eut raison d'y céder.

Jazz, la première œuvre dramatique entièrement personnelle de Marcel Pagnol[1], est une sorte de pamphlet contre le manque d'esprit d'aventure. Un vieux professeur de langues anciennes, Blaise, découvre, à l'occasion d'une grave déconvenue professionnelle, qu'il a raté sa vie parce qu'il l'a consacrée tout entière à l'étude. L'amour crépusculaire et subit qu'il porte à l'une de ses élèves renforce naturellement la conscience qu'il a de cet échec.

■ Edwige Feuillère (Suzy Courtois) et Louis Jouvet (Topaze) dans la première version de *Topaze* (1932), réalisée par Louis Gasnier.

---

1. *Les Marchands de gloire* (1925) ont été écrits en collaboration avec Paul Nivoix.

Le sujet assez mélodramatique de la pièce et son ton véhément, bien dans le goût du temps, peuvent paraître dépassés aujourd'hui. D'ailleurs, je ne crois pas qu'on ait souvent remonté *Jazz*.

Il n'en va pas de même de *Topaze,* qui ne se démodera pas de sitôt, et qui traite d'une situation exactement inverse, malgré un point de départ commun : Topaze, c'est l'anti-Blaise.

Car cette deuxième pièce n'aurait pas la même profondeur si elle apparaissait seulement comme une critique malicieuse et grinçante du cynisme et de la malhonnêteté. Elle propose aussi une brillante célébration de l'esprit d'aventure. L'appât du gain n'est pas la motivation principale de Topaze, loin s'en faut : il a l'habitude de la vie austère, et ce n'est qu'à la fin de l'histoire, quand il en possède vraiment, qu'il fait l'éloge de l'argent. Ce qui le fait se jeter dans l'arène politico-affairiste c'est, d'une part, l'amour que lui inspire une jolie femme, d'autre part, la nécessité (et peut-être le désir obscur) de prendre des risques, d'affronter de nouveaux adversaires, afin de changer de peau. Il ne supporte plus d'être le « sympathique idiot ». Et c'est probablement ce qui le fait rester sympathique, aux yeux du spectateur, quand il renonce à être idiot. Car on ne lui pardonnerait pas de devenir, comme Castel-Bénac, une fripouille froide et besogneuse. Ce n'est d'ailleurs certainement pas par hasard si Marcel Pagnol prend soin de situer au Maroc, terre de colonisation, sa première entreprise importante, et de nous préciser :

> Ce n'est pas une affaire malhonnête. Elle comporte des pots-de-vin, comme toutes les affaires coloniales, mais légalement le coup est régulier. (*Topaze,* IV, 3.)

■ Mihalesco (Piquoiseau) et Pierre Fresnay (Marius) dans *Marius* (1931). Le vagabond, qui rêve de grand large, encourage Marius à abandonner Fanny pour partir au bout du monde.

On est soulagé d'apprendre que la morale qu'enseignait quelques mois plus tôt l'incorruptible professeur de collège n'est pas trop malmenée...

Naturellement, le héros de Pagnol qui illustre le mieux l'esprit d'aventure est Marius. Comme ce n'est pas un intellectuel habile à manier des concepts, ce

désir se manifeste chez lui d'une manière sensible, et presque physique :

> Lorsque je vais sur la jetée, dès que je regarde le bout du ciel, je suis déjà de l'autre côté. Si je vois un bateau sur la mer, je le sens qui me tire comme une corde... Une ceinture me serre les côtes, je ne sais plus bien où je suis, je ne peux plus penser à rien... Toi, quand nous sommes montés sur le Pont-Transbordeur, tu n'osais pas regarder en bas, tu avais le vertige, il te semblait que tu allais tomber... Eh bien, moi, quand je vois un bateau qui s'en va, je tombe vers lui... [...] Je ne sais pas d'où vient cette folie... Peut-être c'est le rhum des îles Sous-le-Vent que ces matelots m'ont fait boire... Peut-être, il y a, de l'autre côté, un sorcier qui m'a jeté un sort... En tout cas, il y a des moments où ce n'est plus moi qui commande. (*Marius,* II, 6.)

Cela ne l'empêche pas de considérer avec finesse, même s'il ne cherche pas à l'interpréter, cette folie :

> Les îles Sous-le-Vent ? J'aimerais mieux ne jamais y aller pour qu'elles restent comme je les ai faites. Mais j'ai envie d'ailleurs, voilà ce qu'il faut dire. C'est une chose bête, une idée qui ne s'explique pas. J'ai envie d'ailleurs. (*Marius,* II, 6.)

On sait ce qu'il en adviendra : cette envie gâchera la vie de Fanny et peut-être la sienne. Vingt ans plus tard, il avouera :

> Quand j'avais dix-huit ans, à force de voir des bateaux, il m'a pris l'envie de naviguer... Il me semblait que mon bonheur était de l'autre côté de la Terre. J'y suis allé, il n'y était pas. (*César,* p. 128.)

La seule chose certaine, c'est qu'il ne l'eût pas trouvé davantage s'il ne fût pas parti. Car Marius n'est pas un véritable aventurier. Même à dix-huit ans, il n'était pas de ceux qui aiment courir les mers et les filles, dominer un équipage ou une troupe de spadassins, affronter les périls des tempêtes et les pièges des bars à matelots, jouer à cache-cache avec les menottes des argousins et les couteaux des concurrents, s'enrichir rapidement et se ruiner aussi vite, avoir vingt cœurs à prendre et sa tête mise à prix.

Marius est un rêveur. Pour son malheur, son rêve a pris la forme d'une voile sur l'horizon. Il aurait pu s'incarner dans le ciel, comme celui de Galilée, sur des planches, comme celui de Molière, dans un laboratoire de chimie, comme celui de Pasteur, dans une église de campagne, comme celui du curé d'Ars. Mais non : Marius a choisi le plus difficile à réaliser, parce qu'il ne dépendait pas de son propre génie, de sa propre obstination ou de sa propre chance d'en faire une réalité, mais qu'il lui fallait coïncider avec un certain état du monde, tel qu'il existe vraiment aux antipodes, et qu'aucun rêveur ne pourra jamais plier à ses chimères.

Il convient peut-être ici de s'interroger un instant sur le personnage le plus énigmatique de toute l'œuvre de Marcel Pagnol, qui est Piquoiseau.

Ce n'est pas son identité qui paraît difficile à cerner : marginal exalté, mi-clochard, mi-poète, accueilli avec une indulgence ronchonneuse par les habitués du bar de la Marine, Piquoiseau préfigure assez bien les hippies des années soixante. On ne sait pas trop de quoi il vit. Il n'a pas l'air de mendier, ni de faire les poches des passants. Il doit « rendre des services », comme on disait jadis, un peu guide, un peu bonimenteur, un peu commissionnaire.

Non, ce qui pose problème, c'est le rôle qu'il joue dans le drame de Marius. Que ce vagabond échoué sur les quais de Marseille rêve de prendre le large, rien de plus naturel. Mais alors, pourquoi n'est-il donc pas parti ? On nous le montre (Marius, IV, 1) ignominieusement chassé de *La Malaisie,* mais ce n'est pas réaliste. De tous temps et dans tous les ports, les maîtres d'équipage ont récupéré des épaves, ou des individus en rupture de ban, que leur situation indécise permettait de traiter comme des sous-prolétaires. Mais surtout, pourquoi pousse-t-il si fort Marius à s'embarquer ? Quel intérêt y trouve-t-il ? Pense-t-il que l'on découvre l'« autre côté de la Terre » par délégation ou personne interposée ?

■ Fernandel (Irénée) et Charpin (Baptistin Fabre) dans *Le Schpountz* (1938). Assez ambigu, ce film, qui se présente comme une comédie burlesque sur la fascination de la gloire cinématographique, est aussi une célébration de l'acteur comique. Fernandel y fait une remarquable création.

On ne comprend pas très bien non plus l'agressivité, hors de toute mesure, qu'il manifeste à l'égard de Fanny :

> – Celle-là, c'est Fanny... C'est celle qui l'a pris au piège, c'est la sorcière qui le garde ! [...]
> – S'il reste, il deviendra tout pâle et dans six mois, il crève dans tes bras ! Et c'est toi qui l'auras tué ! Tué ! Tué ! (Marius, III, 3, 2.)

Ou plutôt, c'est peut-être cette agressivité qui explique le reste de son comportement : si celui-ci avait pour but non pas d'aider Marius, mais de combattre Fanny, tout deviendrait plus clair. Que lui a-t-elle donc fait ? Il doit exister, entre ces deux êtres, des éléments d'une histoire que Marcel Pagnol ne nous raconte pas, mais qui déterminent, d'une façon souterraine, l'attitude de ce singulier personnage.

Ce n'est pas tout à fait tout. Au-delà de sa mission purement matérielle d'intermédiaire entre certains quartiers-maîtres et Marius, Piquoiseau joue très évidemment un rôle symbolique. Mais lequel ? On hésite à ne voir en lui qu'un méchant génie, le mauvais conseiller traditionnel des drames. Connaissant la passion de Marcel Pagnol pour les cultures grecque et latine, on est naturellement tenté de lui trouver d'illustres parrainages : incarnation d'Anankè, la Fatalité, venant de nulle part, il aurait alors débarqué, un beau matin, sur le quai de Rive-Neuve pour faire le malheur de ces deux jeunes gens, ce qui est la meilleure façon, pour des héros, d'entrer dans la légende.

Parodie, cette fois, de l'aventure, celle du *Schpountz*. On se souvient du sujet du film. Une équipe de cinéastes, qui tourne en extérieur dans l'arrière-pays d'Aubagne, rencontre un jeune épicier fou de cinéma et persuadé de son destin de future vedette. Les cinéastes n'en sont pas vraiment surpris : c'est ce qu'ils appellent un *schpountz*. Pour se moquer de lui, ils lui signent un faux contrat, auquel il ne peut faire autrement que de croire. Il se présente donc aux studios de Paris, où il deviendra pour finir, et à la suite d'un second malentendu, une vraie star.

Parodie, oui, car si le héros du film se lance avec la plus grande conviction dans ce qui est pour lui une véritable et bouleversante aventure, l'auteur ne croit pas un mot de ce qu'il nous raconte et traite son sujet sur un mode délibérément burlesque.

On aura peut-être deviné, en lisant le résumé qui précède, le malicieux paradoxe que développe ici Marcel Pagnol : au moment où son schpountz fait réellement la preuve de son talent et réalise ses ambitions, il démontre du même coup qu'il n'était pas un schpountz, mais un artiste authentique.

Ce qu'il y a d'ambigu dans cet ouvrage, tel du moins qu'il a été tourné, c'est que Fernandel joue admirablement un *vrai* schpountz pendant trois bons quarts d'heure. Tout y est : le contentement de soi, le mépris des autres, et cette arrogance désarmante qui permet aux plus démunis d'aller jusqu'au bout de leur folie. Et puis, tout se renverse, mais pas trop vite, il est vrai. Il se pourrait qu'une certaine morale ne soit pas étrangère à ce retournement, ou vice versa. Mais nous reviendrons sur ce point (irritant) le moment venu.

AMOUR

J'avais été « amoureux fou » ; c'était une expérience intéressante, et que je n'oublierais jamais.

(Le Temps des secrets, p. 164.)

L'amour est l'aventure la plus simple pour ceux qui ne peuvent pas partir à l'autre bout de la Terre.

Marcel Pagnol le prend très au sérieux. Il lui donne même une place essentielle, sous ses diverses formes, dans la plupart de ses œuvres.

Il est vrai qu'il nous parle là de quelque chose qu'il connaît bien. On peut, sans outrepasser les limites de la discrétion, se rappeler que l'amour a généreusement nourri sa vie personnelle. Six femmes ont, officiellement sinon légalement, partagé sa vie. À chacune il doit sans doute une partie de son inspiration : une idée, une silhouette, un sentiment, une réplique.

Pour parler de l'amour tel qu'on le rencontre chez Marcel Pagnol, il convient de prendre une précaution préalable : deux films, fondés sur des passions aux conséquences dramatiques, *Angèle* et *La Femme du boulanger,* sont adaptés d'œuvres de Jean Giono. Même si l'auteur des films adopte et même assimile les situations, ce n'est pas lui, mais Giono, qui a jeté la naïve Angèle dans les bras d'un médiocre voyou marseillais, et la volcanique Aurélie dans ceux d'un berger primitif. Autrement dit, c'est à Giono qu'appartiennent la noirceur de la vision et la morale pessimiste des deux histoires. Quand il les invente et les traite tout seul, Marcel Pagnol choisit des sujets plus conformes à la tradition.

La première flamme qui s'allume dans sa vie, telle qu'il nous la décrit un demi-siècle plus tard, a la vio-

■ Marcel Pagnol et sa femme Jacqueline, interprète de *Manon des sources.* Avant de devenir Mme Pagnol, Jacqueline Bouvier avait déjà commencé une belle carrière de comédienne, au théâtre et au cinéma, notamment dans *La Maison des sept jeunes filles,* d'Albert Valentin, et *Adieu Léonard,* des frères Prévert.

AMOUR lence et l'incongruité des amours d'enfants. Entière, aveugle et sans nuances, cette passion jette le trouble non seulement dans son âme, mais dans sa vie familiale et dans son amitié, pourtant solide, avec Lili des Bellons. Et, bien entendu, personne ne le prend au sérieux :

> Leur erreur à tous, c'était de n'avoir pas compris la force d'un sentiment unique au monde, et qu'ils n'avaient certainement jamais éprouvé puisqu'il n'y avait qu'une seule Isabelle, et qu'ils ne la connaissaient pas ! (*Le Temps des secrets,* p. 151.)

Rien de surprenant, ici, rien de subversif : chaque lecteur de Marcel Pagnol et chacune de ses lectrices ont connu, vers leur dixième année, ce sentiment étrange, mélange d'exaltation et de douleur, où l'adoration, au sens religieux du terme, tend à remplacer l'amour. Même s'il s'agit d'une excitation passagère et sans lendemain, cette brûlure laisse une trace légère et tendre qui, en effet, ne s'effacera jamais.

La première histoire d'amour que nous conte Marcel Pagnol, dans *Jazz,* se situe tout à fait dans la grande tradition du roman populaire.

■ Orane Demazis (Fanny) et Pierre Fresnay (Marius) dans *Fanny* (1932). Revenu de ses illusions maritimes, Marius tente de reconquérir Fanny.

C'est celle d'un vieux professeur qui convoite une de ses élèves. Mais on ne peut pas se tromper sur la qualité de ce sentiment. Même si Blaise éprouve une sincère inclination pour Cécile, ce qui n'a rien que de très naturel, il est surtout inspiré par un égoïste désir de revanche. Découvrant, à la suite d'une grave déconvenue professionnelle, qu'il a gâché sa jeunesse et sa vie, la possession de cette jeune fille constituerait pour lui une importante compensation. Mais une autre qu'elle ferait tout aussi bien l'affaire. La preuve : il sait qu'il n'est pas aimé d'elle, mais son orgueil seul le déplore, ce n'est pas un obstacle à son projet. Il ne cherche pas du tout à faire son bonheur. Ce qu'il lui demande, c'est de devenir sa femme et de lui consacrer sa vie.

De son côté, Cécile aime-t-elle Stépanovitch, son camarade de classe, qu'elle finira sans doute par épouser ? Au fond, rien ne nous le dit. Dans la seule scène un peu sentimentale qui les réunit (IV, 7), elle affirme même le contraire – mais peut-être n'est-elle pas très lucide sur son propre compte. On peut tout de même penser que, si elle était vraiment amoureuse de lui, elle n'aurait jamais pu envisager comme une éventualité sérieuse son mariage avec Blaise. Tout se passe donc comme si, entre ses deux prétendants, elle choisissait simplement le plus jeune, ce qui satisfait la morale, mais l'amour ? Marcel Pagnol, feignant de croire que la question ne se pose pas, se garde bien d'y répondre, ce qui laisse le spectateur ou le lecteur sur une impression de grisaille et de mélancolie.

L'histoire suivante, en revanche, est bien celle d'un amour véritable, profond et durable, celui de Fanny pour Marius. Assez curieusement, il reste profondément teinté de souvenirs d'enfance. Nourri de l'affection et de la complicité d'une adolescence commune, joyeusement accepté par l'entourage des jeunes gens, il est grave et

■ Fernandel (Saturnin) dans *Angèle* (1934). Le rôle qui a permis, pour la première fois, à Fernandel de faire la preuve de son grand talent.

■ Raimu (Aimable) et Ginette Leclerc (Aurélie) dans *La Femme du boulanger* (1938), d'après Jean Giono. Ce film et son interprétation par Raimu devaient susciter l'enthousiasme d'Orson Welles.

sage, déjà presque conjugal. Quand elle accepte, à deux ou trois reprises, de recevoir Marius dans son lit, Fanny ne pense pas commettre une action défendue par la morale laïque et chrétienne, mais seulement « prendre un peu d'avance » sur sa prochaine vie de femme mariée. Son amour n'est pourtant pas tiède, pas potager. La petite marchande de coquillages se révélera même capable de fièvre, puisqu'elle ira jusqu'au sacrifice de soi, préférant perdre l'homme qu'elle aime plutôt que de risquer de faire son malheur.

Aventure amoureuse plus traditionnelle encore avec Patricia (*La Fille du puisatier*) : la fille séduite à la sortie de la fête, puis abandonnée (quelles que soient les circonstances de l'abandon) vient tout droit de cette littérature populaire du XIXe siècle, mélodrames et feuilletons, qui a fait pleurer un si grand nombre de Margots. Tout se terminera bien, d'ailleurs : par un coup de théâtre heureux et un mariage, selon les lois du genre.

Traditionnel encore, mais avec une coloration plus romantique, l'amour de l'instituteur des Bastides Blanches pour Manon, la sauvageonne. Il lui permet de manifester son intelligence, son courage et son esprit de diplomatie, autrement dit de devenir un héros. Quant à Manon, l'affection qui va naître en elle trouve naturellement ses racines dans la reconnaissance qu'elle éprouve pour son sauveur. Mais elle prendra vite une autre forme, car il est bien séduisant, ce garçon[1]...

Oui mais, et Ugolin, alors ? En voilà une passion dévastatrice que celle qui anime le traître de ce drame ! Eh bien, précisément, n'est-il pas dans la grande tradition populaire que de tels personnages éprouvent de tels sentiments ? Il arrive même que la noirceur de leur caractère vienne précisément de leur amour non partagé.

Cette passion d'Ugolin, pour qui le spectateur ressent une antipathie qui confine à l'aversion, inspire tout de même à ce personnage quelques admirables moments. Qu'on se rappelle cette superbe scène où il crie son

1. C'est Raymond Pellegrin qui l'interprète.

amour à travers les vallons, d'une colline à l'autre. Il ne s'agit plus ici d'une simple déclaration humaine, mais d'un véritable rituel païen, d'une célébration panique, d'une scène que Marcel Pagnol est allé chercher dans les montagnes de la Thessalie.

Ugolin assure une bonne transition pour présenter deux personnages qui sont des victimes de la passion : Angèle et Aurélie. Si ce sont des femmes, ce n'est certainement pas par une misogynie particulière (on a envie de dire : au contraire), mais parce que, dans la société paysanne des années trente, les femmes étaient plus vulnérables que leurs compagnons.

On ne sait pas ce qui a jeté Angèle dans les bras de Louis. Ou plutôt, on ne le sait que trop : l'atmosphère étouffante de la ferme de Clarius, l'absence de perspectives d'avenir et, plus encore, sans doute, d'hommes

■ Rellys (Ugolin) dans *Manon des sources* (1952). Excellent comédien, trop souvent confiné dans des rôles comiques de second plan, Rellys réussit ici une bouleversante composition.

jeunes autour d'elle, capables de la faire rêver. Mais est-ce bien suffisant ? Elle est prête à croire le premier qui se présentera, pourvu qu'il ait une jolie gueule et des discours enveloppants. L'ennui, c'est que c'est un prédateur qui se présente. À partir de là, le piège se referme, elle est perdue. Tout se déroule comme dans une tragédie antique, sans échappatoire : l'enfant, le trottoir, les menaces, le chantage. Son destin semble définitivement établi.

Il y a là une idée que Giono, grand moraliste, avait certainement préméditée, mais que l'on peut s'étonner de voir reprise et défendue par Pagnol, à savoir : si la passion est mauvaise conseillère, l'étourderie est meurtrière. Il nous faudra, un peu plus loin, revenir sur ce point.

■ Jacqueline Pagnol (Manon) dans *Manon des sources* (1952). Avec ce film, Pagnol retrouve les collines de son enfance.

■ Andrex (Louis)
et Orane Demazis
(Angèle) dans *Angèle*
(1934).
Généralement
relégué, comme ici,
dans des rôles de
voyou, Andrex a
pourtant su montrer,
en d'autres occasions,
de l'humour et de
la sensibilité.

Mais ce que l'amour de l'un a fait, l'amour d'un autre, s'il est sincère, loyal et désintéressé, peut le défaire. Il peut apporter la solution au malheur par la rédemption.

Qu'est-ce qui va sauver Angèle ? L'amour de deux hommes. L'un, Saturnin, enfant de l'Assistance publique recueilli par le père, est certainement amoureux de la jeune femme, comme le fameux ver de terre de la fameuse étoile, même s'il mélange à ce penchant des sentiments fraternels. C'est lui qui, d'un coup de faucille, délivrera Angèle de son minable proxénète. L'autre, Albin, le jeune montagnard, en lui rendant l'honneur perdu, la sauvera de la réclusion où l'avait réduite un père inflexible et désespéré :

> – Allons, Maître, réfléchissez. Elle a fait le mal, oui, c'est vrai. Qu'est-ce qu'il en reste aujourd'hui ? Un petit enfant qui dort en riant. Il en reste aussi autre chose : il en reste que nous le savons. Oublions sa faute, il n'y en a plus. (*Angèle,* p. 642.)

Aurélie présente un caractère tout à fait différent. Elle ne se laisse pas emporter, comme une oiselle naïve, sur un battement de cœur. C'est une passion physique qui la détermine. Mariée à un homme plus âgé qu'elle et peu séduisant, elle souffre d'une frustration permanente qu'elle compense dès qu'elle en a l'occasion. En effet, bien que l'attirance qu'elle éprouve pour Dominique, le beau berger italien, ait l'allure d'un coup de foudre, nous apprenons un peu plus tard, et de la bouche même du boulanger, qu'elle n'en est pas, avec lui, à sa première aventure :

> LE CURÉ. – Une femme qui va probablement à la messe le dimanche n'est probablement pas une femme qui vient à l'église à sept heures du matin.
>
> LE BOULANGER. – Je vous dis ça, parce que, quand nous étions à Manosque, elle y allait tous les jours, vers six heures et demie. Pendant que je faisais ma seconde fournée, oui, chaque matin. Et vous savez, ce n'était pas pour se faire remarquer : au contraire. Elle se mettait dans un petit coin, derrière un pilier – et elle se cachait si modestement que personne ne l'a jamais vue. (*La Femme du boulanger*, p. 71.)

De quel amour cet homme est-il donc la victime ? de quel aveuglement ? ou de quelle fausseté ? Il a plus tard, accablé ou délivré par l'ivresse, quelques paroles d'un cynisme désespéré :

> Maillefer me dit que je suis cornard : c'est vrai, et ce n'est pas vrai. Écoutez, mon père, une femme aussi belle et aussi jeune qu'elle, ça doit avoir un mari superbe : jeune, musclé, jeune, bronzé, jeune, intelligent, jeune... Eh bien, son mari, c'est moi ! Ça veut dire que j'ai eu de la chance, une chance de cocu. Lequel est-ce qui est trompé ? Ce n'est pas moi : c'est le beau jeune homme qui la méritait. On me dit qu'elle me trompe avec le Berger. Pas du tout. C'est moi qui, depuis cinq ans, ai trompé le Berger avec elle ! Alors, de quoi je me plaindrais ? (*La Femme du boulanger*, p. 119-120.)

Mais nous y reviendrons, car on n'en a jamais fini
avec l'amour. Il accompagne les hommes et les femmes
dans leur vie quotidienne, et il leur permet d'éprouver,
d'une manière redoutable et ambiguë, les deux morales :
celle que l'on nous a enseignée, et celle que nous sou-
haitons mettre en œuvre.

Alors, comment les voit-il, Marcel Pagnol, les hommes
et les femmes ? Eh bien, comme tout le monde les voyait
de son temps.

GENS DES VILLES ET GENS DES CHAMPS

*Vous avez beau prendre l'accent parisien,
ça ne m'impressionne pas.*

(Marius, I, 10.)

Jusqu'au début des années soixante, un auteur dramatique soucieux de son avenir devait situer ses œuvres à
Paris, seul moyen, pensait-on, de leur donner une portée universelle. C'est ce qu'ont fait des écrivains comme
André Roussin et Louis Ducreux, ou des cinéastes
comme Carlo Rim. Cet état de choses s'est un peu modi-
fié depuis, notamment grâce aux centres dramatiques
régionaux, qui ont encouragé le développement d'une
expression locale.

Quand, jeune provincial installé à Paris, Marcel Pagnol commence sa carrière d'auteur dramatique, il n'a
pas plus qu'un autre le projet de devenir un
chantre de Marseille, ni même de la Provence.
Pourtant, sa première pièce, *Jazz*, se passe
à Aix. Mais il est nécessaire à l'action que
Blaise soit professeur en province,
puisqu'il brigue une chaire à la Sorbonne. Le lieu de sa mésaven-
ture n'a aucune impor-
tance : elle pourrait lui
arriver dans n'importe
quelle ville universi-
taire. Alors, pourquoi
pas dans la région
que Pagnol connais-
sait le mieux ?
Or, à la fin

■ Fernandel (Félipe)
et Raimu (Pascal
Amoretti) dans *La Fille
du puisatier* (1940).
Raimu fut l'interprète
favori et l'ami de
Marcel Pagnol.

des années vingt, l'université d'Aix-Marseille répartissait ses facultés : lettres et droit dans la première, sciences et médecine dans la seconde. Blaise ne pouvait donc enseigner à Marseille.

Avec *Topaze,* tout change, Marcel Pagnol retrouve la tradition, et c'est dans Paris que le jeune professeur va développer sa merveilleuse misanthropie. En fait, ce Paris mérite quelque examen.

En effet, d'une part, cette ville n'est jamais nommée dans le texte de la pièce. Quelques indices seulement la désignent : « Vous auriez mieux fait de me jeter dans la Seine. » (III, 2.) (Mais la Seine traverse bien d'autres localités.) « Avant que cet édicule ait fait le tour de l'arrondissement, nous aurons encaissé plus de trois cents billets. » (III, 4.) (Comme Castel-Bénac touche dix mille francs par édicule, il y a donc plus de trente cafés importants dans l'arrondissement.) « Vous me téléphonerez le résultat à huit heures chez Maxim's. » (III, 11.) « Odette... Passy 43. 52. » (IV, 4.) Enfin, Topaze est né à Tours (II, 6) : quitte à s'expatrier, où serait-il allé ailleurs qu'à Paris, en 1925 ou 1926 ? D'ailleurs, tout le monde en rêvait.

D'autre part, on a du mal à croire à la réalité parisienne de cette histoire. Castel-Bénac a tout à fait l'allure d'un médiocre conseiller de province. Il lui manque cette carrure nationale indispensable pour exercer sa coupable industrie dans la capitale, où il se heurterait à des concurrents beaucoup plus habiles et plus puissants que lui. Si chacun de nous connaît une ville où la « pissotière à roulettes » pourrait faire le tour de tous les bistrots, nous ne l'imaginons pas évoluer à Montmartre ni à Saint-Germain-des-Prés : au bout d'une semaine de cet exercice, Castel-Bénac la retrouverait un beau matin sous ses fenêtres.

Peu importe, du reste : il suffit d'oublier Paris pour que cette fiction nous apparaisse immédiatement comme l'image d'une parfaite réalité.

Mais, quand Marcel Pagnol se met à écrire *Marius,* un peu par nostalgie de sa ville presque natale, *Topaze* n'a pas encore été créé (il a d'ailleurs confié que ces deux pièces ont été composées en même temps), il ne songe plus aux théâtres des Boulevards, bien au contraire : « En l'écrivant [dira-t-il plus tard], j'avais dans l'oreille la voix des acteurs marseillais de l'Alcazar. »

Il n'y a pas que l'oreille : il ne peut parvenir à croire que le public parisien viendra voir une pièce qui se passe si loin de chez lui, et dont les personnages lui sont à ce point étrangers.

Pourtant, quand le succès arrive, sa décision est vite prise : c'est désormais sur les paysages, les villes et les gens de Provence qu'il bâtira son œuvre.

Peut-être est-il heureux de constater que l'on reconnaît, dans sa voix, celle des « acteurs marseillais de l'Alcazar » et de pouvoir ainsi se démarquer de ses confrères, même quand ce sont ses amis. Car, si l'on y réfléchit un instant, *Jazz* rappelle un peu la manière de Salacrou, et il est bien difficile de ne pas rapprocher *Topaze* de *Knock*, qui le précède de cinq années à peine. Avec *Marius*, plus aucun risque de les confondre.

Marcel Pagnol révèle, dans ses *Confidences*, que c'est par amour pour la ville de sa jeunesse qu'il s'est mis à écrire *Marius*. S'il nous disait comment lui est venue

■ Edwige Feuillère (Suzy Courtois), Louis Jouvet (Topaze) et Pauley (Castel-Bénac) dans la première version de *Topaze* (1932). Il y eut deux autres versions de ce film tournées par Marcel Pagnol avec, dans le rôle-titre, Arnaudy (1936) et Fernandel (1950).

l'idée de raconter l'histoire de ce jeune homme, qui rêve si fort de partir sur la mer qu'il va faire son malheur et celui de ceux qui l'entourent, il nous intéresserait et nous convaincrait davantage. Car il est assez clair que ce sujet, poignant et fort, a imposé le lieu de son action. Salacrou l'eût situé au Havre, Audiberti à Antibes, Anouilh à Bordeaux. Pour un Marseillais, il ne pouvait prendre forme ailleurs que sur le Vieux-Port.

Ce n'est donc pas de Marseille en général qu'il nous parle, ni de n'importe lequel de ses quartiers : si Marius fût né à La Timone ou à La Belle-de-Mai, il eût si peu vu la mer avant sa douzième année que sa rage de fuir l'eût emmené sur de tout autres chemins.

Bien entendu, le Vieux-Port est aussi le cœur de Marseille. D'abord, parce que c'en est le centre historique. Ensuite, parce que des raisons économiques et culturelles en ont fait le symbole de la capitale phocéenne. Et puis, ceux qui le peuplent sont certainement les plus authentiques des Marseillais.

Marcel Pagnol est avant tout un auteur dramatique, même quand il écrit pour le cinéma. (La critique spécialisée le lui a suffisamment reproché.) Cela signifie notamment qu'il accorde la première importance aux *personnages*. Loin d'être des entités vagues, changeantes et interchangeables, ses héros possèdent des caractères bien définis et riches de possibilités. (Rappelons, pour lever toute ambiguïté, qu'un « caractère faible », comme Orgon ou Vania, peut être un « personnage fort ».)

De plus, Marcel Pagnol sait qu'il n'y a pas de situation dramatique sans affrontement. Cet affrontement n'est pas nécessairement violent : le marivaudage en est un, la partie de cartes de *Marius* un autre. Mais, dans tous les cas, la situation ne peut naître, évoluer, se résoudre *dramatiquement* sans la mise en présence de personnages qui s'opposent.

À partir de *Marius* et jusqu'à *Judas* (1955), les personnages de Marcel Pagnol appartiennent tous au milieu populaire du Midi méditerranéen. Ils se répartissent grossièrement en « gens des villes » et « gens des champs ».

Encore faudrait-il réduire le premier terme, car la présence de Marseille y est tout à fait dominante : si l'on aperçoit le marché de Manosque dans *Regain* et quelques rues de Salon dans *La Fille du puisatier,* leurs citoyens demeurent étrangers à l'histoire.

Il est peut-être intéressant de noter la différence de traitement entre les deux lieux de l'action : l'urbain et le rural. Alors que la trilogie se passe en un point très précis de Marseille : le quai de Rive-Neuve, qui ne ressemble pas à un autre quartier (de même que Montmartre n'est pas Grenelle, Passy ou le Marais), les paysages champêtres ont simplement valeur de modèle ou d'exemple.

En apparence plus divers, ils ne couvrent finalement que deux territoires : les collines qui s'étendent d'Aubagne au Regagnas, et qui constituent l'univers personnel de Marcel Pagnol, et les plateaux de l'arrière-pays de Manosque, qui sont celui de Jean Giono.

Mais *Jofroi* pourrait aussi bien se passer à Fuveau, *Manon des sources* sur le flanc oriental de la montagne de Lure, *Cigalon* à Cabrières-d'Aigues, *Regain* dans les Baronnies. Leurs héros y rencontreraient les mêmes hommes, les mêmes difficultés, les mêmes espoirs, les mêmes joies et les mêmes misères.

Gens des villes et gens des champs, on n'en sera pas surpris, partagent des points communs et présentent des différences.

Notons d'abord, pour ne plus avoir besoin d'y revenir, que leur psychologie est élémentaire. En effet, si les romanciers peuvent fouiller les replis, les contradictions et les bouleversements de l'âme, les auteurs dramatiques doivent présenter des *caractères*. C'est le cas de Shakespeare, de Molière, de Beaumarchais – de Tchékhov même, dont les personnages, si indécis, si ambigus soient-ils, ne changent pas d'un bout de la pièce à l'autre.

Cette particularité du théâtre est accentuée par le genre traité. Ainsi, la comédie favorise l'étude des personnages, la tragédie privilégie l'action. On le vérifiera aisément dans l'œuvre de Marcel Pagnol.

Les hommes, dans cette œuvre, manifestent une unité

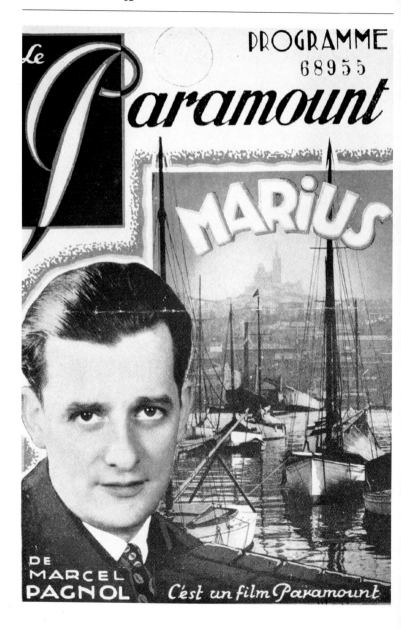

assez remarquable. César en est le prototype. Les autres en dérivent ou ne s'en différencient que par quelques détails. Ce n'est pas une création artificielle : la plupart des Méridionaux, s'ils ne s'y sont pas reconnus, ont retrouvé en lui leur père, leur oncle ou leurs voisins. Bien entendu, comme il s'agit d'un personnage de théâtre, ses traits sont assez appuyés, sans beaucoup de nuances, même quand ils se contredisent.

Fondamentalement, c'est un tempérament irascible : il s'emporte facilement, la moindre contrariété le fâche. C'est un de ces hommes qui disent volontiers, pour excuser leurs éclats : « C'est plus fort que moi », incapables d'imaginer que c'est peut-être « plus fort que les autres » de les supporter. Il en donne une brillante (et bouillante) démonstration dans *César* :

> Écoutez-moi bien. Il y a une question que je veux vous poser. Et une question très grave. Est-ce que vraiment je suis coléreux ? [...]
>
> Qu'est-ce que ça veut dire, ce rire ? Ça veut dire que je suis une vieille bourrique, comme, par ton refus de me répondre, tu fais semblant de dire, sans le dire, que je suis coléreux, et que tu as peur de ma colère ! Et vous aussi, monsieur Brun. Vous ne répondez rien, mais vous faites semblant d'en penser le double ! Quant à « hum », avec son air supérieur, je me fous de ce qu'il ne dit pas et de sa coqueluche des vieillards ! Qu'est-ce que ça veut dire, à la fin ? Depuis trente ans vous venez chez moi tous les jours et vous dites que je suis coléreux ? Je supporte la stupidité d'Escartefigue, je supporte les lyonnaiseries de monsieur Brun, je supporte le silence de ce médecin des chèvres, je supporte la présence de ce petit macaque qui ne paie jamais ses consommations et qui, de plus, ne boit jamais rien, et vous dites que je suis coléreux ? (*César*, p. 198-201.)

C'est également un caractère entier et autoritaire (cela ne va pas nécessairement ensemble : il y a des autoritaires froids), avec une tendance certaine à l'égoïsme, ou plutôt à une forte conviction de sa propre supériorité :

■ Le programme du cinéma Paramount pour la sortie du film *Marius* (1931). On admirera de n'y voir paraître que le nom de Marcel Pagnol : la jeune gloire de l'auteur dramatique éclipsait donc alors, aux yeux de la Paramount, celle de ses (pourtant brillants) interprètes...

M. Brun. — Mais enfin, César, après tout, si cet homme veut naviguer ?

César. — Cet homme ? Quel homme ?

M. Brun. — Marius est un homme.

César. — Un homme ! Un homme ! Marius ! !

M. Brun. — Il a vingt-trois ans. À cet âge, vous étiez déjà marié ?

César. — Moi, oui.

M. Brun. — Vous étiez un homme ?

César. — Moi, oui.

M. Brun. — Alors, ce qui était vrai pour vous ne l'est pas pour lui ?

César. — Non.

M. Brun. — Et pourquoi ?

César. — Pour moi, j'ai toujours raisonné différemment, parce que moi, je n'étais pas mon fils. (*Fanny*, I, 1, 9.)

Mais il s'agit d'un égoïsme spontané, pas calculateur. César est capable d'affection, de générosité et de dévouement. S'il se vexe facilement, car la même (bonne) conscience de soi conduit fatalement à une assez grande susceptibilité, il n'est pas rancunier. Ses nombreuses disputes avec ses proches et ses amis, dont il n'est pas toujours responsable, ne donnent jamais lieu à de longues fâcheries.

À une exception près, dramatique celle-là : sa brouille avec son fils, qui dure vingt ans. Mais il faut dire que Marius, s'il a un caractère moins vif, a la tête aussi dure que son père. Si Césariot n'intervenait pas, avec une belle autorité, pour les réconcilier, ils mourraient sans s'être jamais revus.

Les hommes qui les entourent, sauf M. Brun naturellement, ressemblent à César. Panisse pourrait même se confondre avec lui si sa fortune et la fréquentation d'une clientèle bourgeoise ne lui avaient procuré un vernis d'urbanité supplémentaire. Le peu que l'on voit d'Escartefigue nous en donne une image analogue, en plus débonnaire, peut-être parce qu'il a fini par se résigner à ses infortunes.

■ Daniel Auteuil (Ugolin) et Yves Montand (le Papet), inquiétants paysans dans *Jean de Florette,* nouvelle version de *Manon des sources* réalisée par Claude Berri (1985).
Yves Montand n'a jamais tourné avec Marcel Pagnol. Claude Berri a pourtant fait appel à lui dans ce film.

■ Orane Demazis dans le rôle-titre d'*Angèle* (1934). Inoubliable Fanny, Orane Demazis fut aussi une très émouvante Angèle.

Parmi les femmes, Honorine est de la même trempe, avec plus de passion, ce qui lui vaut des accès un peu plus vifs d'indignation et d'amour maternel.

Si nous quittons la trilogie, nous constatons que Clarius, le père d'Angèle, mais aussi Aimable, le boulanger, et Pascal, le puisatier, ont des tempéraments analogues, tout comme, avec des traits naturellement moins appuyés, la plupart des paysans de *Manon des sources*.

Voilà pour la ressemblance entre les gens de la ville et ceux de la campagne.

Leurs différences tiennent moins à leur répartition géographique, ou à leur mode de vie, qu'à leurs auteurs. Les paysans les plus proches de César sont les créations de Marcel Pagnol. Ceux qui s'en éloignent viennent de Jean Giono. Par quoi s'en éloignent-ils ? Essentiellement par leur noirceur. La vision de Giono est beaucoup moins souriante que celle de Pagnol. Il donne même, du monde rural, une image terriblement pessimiste. Ses héros ne savent pas rire : le monde dans lequel ils vivent est trop dur, leur terre trop pauvre, leur pain trop mesuré. Aux cartes, ils ne jouent pas les apéritifs, mais le cheval, la récolte ou la maison. Rien de moins ludique que ce jeu-là, c'est un combat que chacun entreprend contre son destin.

D'ailleurs, c'est la fatalité qu'affrontent, chaque jour, ces hommes et ces femmes. Il leur est impossible de prendre rien à la légère, impossible aussi de considérer avec la moindre indulgence la faute d'un enfant.

On observera enfin que c'est dans l'œuvre personnelle de Giono, et non dans celle de Pagnol, que l'on trouve des femmes soumises à la volonté des hommes.

Ainsi, quand Angèle revient à la maison avec son fils dans ses bras, Clarius l'enferme dans une cave humide et froide. Ce n'est pas ainsi que procède Pascal, paysan de Pagnol, non plus qu'Honorine avec Fanny. Et l'on peut parier que, si elle eût été la mère d'Angèle, elle se fût placée en travers de la porte, un tisonnier à la main, plutôt que de laisser traiter sa fille avec une telle barbarie.

On se sera peut-être étonné du nombre de veufs que compte la trilogie. Sur les quatre principaux personnages mariés, il y a deux veufs et une veuve, ce qui ne correspond pas à la proportion commune, en France, en 1927. Il est clair que les nécessités du théâtre l'ont ici emporté sur le réalisme.

Que Panisse ait perdu sa femme, il le fallait bien, puisque c'est un des ressorts de l'histoire : sans ce deuil, il ne pourrait courtiser, puis épouser Fanny. Le cas des deux autres est plus intéressant, parce qu'il concerne la technique : c'est une question d'économie de moyens.

En effet, d'une part, la situation dramatique est à la fois plus claire et plus équilibrée si s'opposent seulement deux couples symétriques : Marius et son père, Fanny et sa mère, entre lesquels évolue Panisse, l'homme seul. D'autre part, il est clair que la mère du jeune homme et le père de la jeune fille, non seulement n'auraient aucun rôle à jouer dans l'histoire, mais en altéreraient à coup sûr le développement. Marius serait-il parti au bout du monde en laissant une mère en larmes ? Peut-être, mais ce n'est pas certain, et nous aurions plus de mal à le croire. Quant à Fanny, ses relations avec son amoureux se seraient sans doute passées différemment avec un père à la maison. En particulier, on peut se demander si elle eût pu le recevoir aussi facilement dans sa chambre de jeune fille, ou s'il s'y serait lui-même aussi volontiers risqué.

Pour ne pas quitter la vie conjugale, on aura peut-être été également surpris du nombre assez élevé d'adultère que l'on trouve dans l'œuvre de Marcel Pagnol.

Tout commence avec *Topaze,* où Castel-Bénac entretient une maîtresse coûteuse, tandis que son épouse :

> SUZY. – Et Picard ?
>
> CASTEL-BÉNAC. – Picard ? Oh ! non, chère amie, non.
>
> SUZY. – C'est un garçon très bien, Picard... Il es sérieux, il a de l'entregent. Pourquoi n'essaierait-on pa Picard ?
>
> CASTEL-BÉNAC. – Parce que c'est l'amant de ma femme et que la plus élémentaire délicatesse...
>
> SUZY. – Bon, bon. Je ne savais pas...
>
> CASTEL-BÉNAC. – Naturellement. Toute la ville en parle vous êtes la seule à l'ignorer. (*Topaze,* II, 5.)

Ce n'est pas là le plus surprenant, en vérité, car chacun sait que l'infidélité conjugale est un des attribut majeurs de la bourgeoisie. Elle est moins fréquente, et

SUR « MANON DES SOURCES »

Avec *Manon des sources,* dans l'entière liberté enfin conquise de son inspiration, Pagnol donne à la Provence son épopée universelle. L'accent ne constitue pas, chez Pagnol, un accessoire pittoresque, une note de couleur locale ; il est consubstantiel au texte et, par là, aux personnages. Ses héros le possèdent comme d'autres ont la peau noire. L'accent est la matière même de leur langage, de leur réalisme. Aussi, le cinéma de Pagnol est-il tout le contraire de théâtral, il s'insère, par l'intermédiaire du verbe, dans la spécificité réaliste du film. Pagnol n'est pas un auteur dramatique converti au cinéma, mais l'un des plus grands auteurs de films parlants. Le seul qui ait osé, depuis 1930, une démesure verbale comparable à celle des Griffith ou des Stroheim au temps de l'image muette.

André Bazin.

revanche, dans le milieu populaire et bon enfant qui anime la trilogie. Naturellement, il s'agit là d'un ressort comique traditionnel, et les infortunes d'Escartefigue, constamment évoquées, jouent un rôle qui dépasse souvent celui d'un simple gag. Mais Panisse aussi fut un mari trompé :

> HONORINE. – Vous n'en avez pas assez porté avec votre première ?
> PANISSE. – Comment, assez porté ?
> HONORINE. – Si on vous avait mis une voile entre les cornes, il aurait fallu une brave quille pour vous tenir d'aplomb. (*Marius,* I, 8.)

De son côté, il trompera Fanny quand elle sera sa femme :

> CÉSAR. – Tu as trompé Fanny ?
> PANISSE. – Eh oui... Fanny a toujours eu pour moi beaucoup d'affection... Mais de la passion, pas énormément... Et ça se comprend... Alors, moi, avec elle, j'ai été plutôt discret. Tu me comprends ? Alors, le Diable m'a tenté...
> ELZÉARD. – Quelle forme avait-il pris ?
> PANISSE. – Il avait pris la forme d'une de mes ouvrières. (*César,* p. 32-33.)

Et Honorine elle-même :

> PANISSE. – Vous qui parlez tant des autres, vous devriez un peu nous dire ce que vous alliez faire, le soir, dans l'entrepôt de maître Barbentane, avec le Sénégalais... (*Marius,* I, 8.)

Au fond, il n'y a que sur les amours de M. Brun que l'auteur se montre discret. Il est vrai qu'il est célibataire, et que ses fredaines n'intéressent personne.

Naturellement, on ne trouve pas d'adultère dans *Angèle* et *Regain,* parce que la situation ne s'y prête pas, mais aussi parce que Giono n'a pas le goût des futilités. Ainsi, quand il en fait le sujet de *La Femme du boulanger,* il n'en tire pas un vaudeville, mais un drame.

Dans les œuvres paysannes, on trouve aussi des

hommes et des femmes infidèles, parfois sous une forme bouffonne, comme dans *Manon des sources*. Il semble que cette activité appartienne au paysage général, à une sorte de culture commune. Et il faut bien dire que, dans l'univers monotone et pesant d'une existence de paysan pauvre, d'où toute joie de vivre et toute surprise étaient

■ Un bout de
la tribu !
Dans *La Femme du
boulanger* (1938),
de gauche à droite :
Dullac (Casimir),
Julien Maffre
(Pétugue), Maupi
(Barnabé) et Charles
Blavette (Antonin).
Fidèle à ses vieux
amis, Marcel Pagnol
les a fait tourner
dans la plupart de
ses films.

bannies, coucher avec sa voisine constituait la seule part
d'aventure et de rêve que l'on pouvait s'offrir.

Des relations, parfois tumultueuses, que connaissent
les conjoints, nous passerons tout naturellement à celles
qu'ils entretiennent avec leurs enfants. Mais il convient,
pour cela, de changer de chapitre.

PARENTS ET ENFANTS

> HONORINE. – *Quand on n'a pas d'enfants, on est jaloux de ceux qui en ont, et quand on en a, ils vous font devenir chèvres! La Sainte Vierge, peuchère, elle n'en a eu qu'un et regarde un peu les ennuis qu'il lui a faits!*
> CLAUDINE. – *Et encore, c'était un garçon.*
>
> (Fanny, II, 2, 7.)

Marcel Pagnol a eu cinq enfants, de quatre femmes différentes : Jacques (1930), Jean-Pierre (1933), Francine (1935), Frédéric (1946) et Estelle (1951) qui fut tragiquement emportée, à l'âge de deux ans et demi, par une crise foudroyante d'acétonémie.

Il n'a pas beaucoup vécu avec les trois premiers, qu'il n'a d'ailleurs pas pu reconnaître, puisque Simonne Colin, sa première épouse, n'a accepté le divorce qu'en 1941. Ainsi, ce qu'il nous dit de la famille dans ses premières œuvres, et notamment dans la trilogie, ne nous révèle pas le père qu'il a été, mais peut nous instruire sur celui qu'il aurait aimé être. Le modèle en est évident, du reste : c'est son père à lui, Joseph, et, au-delà, son grand-père André, le tailleur de pierre.

Les relations entre parents et enfants tiennent, dans l'œuvre de Marcel Pagnol, une place importante, et parfois primordiale, jusqu'à constituer un élément déterminant de l'action dramatique.

La trilogie, on le sait, est une histoire de famille. Le désir d'aventure de Marius et son départ pour le bout du monde ne seraient qu'un banal roman d'amour manqué, comme on en a écrit des centaines, sans la présence affectueuse et encombrante de la tribu : parents et amis proches.

La relation la plus remarquable est naturellement celle du couple César-Marius. S'il ne constitue pas à propre-

■ Jacqueline, Marcel et Frédéric en 1948. Estelle, la petite sœur, allait naître en 1951.

■ Pierre Fresnay
(Marius) et Raimu
(César) dans *Fanny*
(1932).
La relation père-fils a
toujours préoccupé
Marcel Pagnol.

ment parler un « modèle » (on ne le retrouve guère que dans *Le Schpountz*), c'est que les filles sont plus nombreuses que les garçons dans les œuvres suivantes. Il reproduit pourtant un type très répandu jusqu'aux années cinquante, issu de la tradition paysanne et bien implanté dans les milieux populaires des villes, encore très proches de leurs racines.

Le rôle traditionnel du père, il n'est pas nécessaire d'invoquer de subtiles lois de la psychologie pour le comprendre, fonctionne suivant le système « attraction-répulsion ». D'une part, César oscille entre deux senti-

ments contradictoires : la possession autoritaire et l'affection aveugle ; d'autre part, Marius, très attaché à son père, souhaite s'en délivrer.

Ce qui est intéressant, dans cette relation, ce n'est pas son existence, qui n'est pas nouvelle, mais la façon diScrète et nuancée dont Marcel Pagnol nous la présente. Alors que tout le reste de l'histoire, caractères et actions, est brossé à grands traits (y compris la relation Honorine-Fanny, qui s'exprime avec une sincérité qui va jusqu'à la violence), les sentiments mutuels de Marius et César s'expriment d'une manière voilée, plutôt par allusions – parfois même par paraboles, comme celle des allumettes.

Donnons-en seulement quelques exemples.

Autoritarisme de César :

> M. BRUN. – Eh bien ? À vingt ans ce garçon n'avait pas le droit de partir ?
>
> CÉSAR. – Il n'avait pas le droit de partir sans me le dire.
>
> PANISSE. – Mais, s'il te l'avait dit, qu'est-ce que tu aurais fait ?
>
> CÉSAR. – Je lui aurais expliqué qu'il n'avait pas le droit.
>
> PANISSE. – Et même, au besoin, tu le lui aurais expliqué à grands coups de pied au cul ?
>
> CÉSAR. – Naturellement. Je te garantis bien qu'en moins d'un quart d'heure je lui aurais fait passer le goût de la marine. (*Fanny*, I, 1, 9.)

Bien entendu, c'est une façon homérique de parler : personne ne peut croire que César eût usé d'un tel procédé, et moins encore qu'il eût été efficace. Car Marius, s'il est moins bouillant que son père, est au moins aussi obstiné, et peut-être davantage.

Affection réciproque :

> MARIUS. – Papa !
>
> CÉSAR. – Òou !
>
> MARIUS. – Je t'aime bien, tu sais.
>
> CÉSAR. – Mais moi aussi, je t'aime bien. Pourquoi me dis-tu ça ?
>
> MARIUS. – Parce que je vois que tu t'occupes de moi, que tu te fais du souci pour moi. Alors, ça me fait penser que je t'aime bien.
>
> CÉSAR. – Mais bien sûr, grand imbécile !
>
> MARIUS. – Bonsoir, papa.
>
> CÉSAR. – Bonsoir, mon fils. Tu sais, parfois, je te dis que tu m'empoisonnes l'existence, mais ce n'est pas vrai. (*Marius*, II, 6.)

Dans un genre plus appuyé :

> CÉSAR. – Panisse, si seulement tu touches mon petit, moi je te fous un coup de pied dans le derrière qui te fera claquer des dents ! (*Marius*, II, 2.)

Discrétion :

> PANISSE. – Tu devrais interroger Marius.
>
> CÉSAR. – Oh ! c'est bien ce que je vais faire, à la fin. Jusqu'ici, je n'ai pas osé. Marius, quoiqu'il ait vingt-trois ans, je lui donnerais encore des taloches si c'était nécessaire. Mais je n'ose pas lui parler des femmes.
>
> PANISSE. – Pourquoi ?
>
> CÉSAR. – Par un sentiment bien drôle. La pudeur.
>
> PANISSE. – Qué pudeur ?
>
> CÉSAR. – La Pudeur paternelle.
>
> PANISSE. – Tu as des sentiments bien distingués. (*Marius,* II, 2.)

Panisse n'a pas tort : César possède cette finesse naturelle des gens du peuple qui savent *distinguer* entre les sentiments. Mais, le vrai, c'est qu'une taloche s'adresse encore à l'enfant, et qu'une question sur ses fréquentations féminines s'adresserait à l'adulte, que César refuse de voir en son fils.

■ André Fouché (Césariot), Raimu (César), Maupi (le chauffeur du fériboîte) et Dullac (Escartefigue) dans *César* (1936). Césariot, le petit-fils embourgeoisé, s'apprête à quitter la tribu.

Et quand l'adulte se sera enfin affirmé, sans gloire d'ailleurs : en prenant la fuite, César vieillira d'un seul coup. Quand il s'apercevra que son fils lui a définitivement échappé, qu'il se construit une vie nouvelle au loin, c'est-à-dire une vie étrangère, il ne s'en consolera pas, malgré une apparente résignation :

> Eh ! oui, il est heureux... Il nous a laissés tous les deux et pourtant, il est ravi... Que veux-tu, ma petite Fanny, il est comme ça... (*Fanny*, I, 1, 14.)

L'adulte, il le découvre réellement au cours d'une scène brève, à la fin de *Fanny*. Cela ne l'empêche pas de continuer à faire preuve d'autorité, même s'il n'est plus question de taloches ni de coups de pied, même si l'affrontement se fait, désormais, d'homme à homme :

> MARIUS. – Écoute, papa. Je t'aime bien mais, en ce moment, je te prie de me foutre la paix.
>
> CÉSAR. – Tu as bien dit ça, Marius. Ça prouve que maintenant tu as de la barbe au menton, tu es un homme, puisque tu ne respectes plus ton père. C'est normal. Mais maintenant, viens avec moi. En l'absence de son mari, tu n'as rien à faire chez madame Honoré Panisse. Viens.
>
> MARIUS. – Non, je ne m'en vais pas. Je reste.
>
> CÉSAR. – Non, tu ne restes pas. Tu viens avec ton père. (*Fanny*, III, 6.)

L'ennui, c'est que les taloches déchargent parfois la bile, éclaircissent le sang (pas de tout le monde, il est vrai), empêchent les longs malentendus. Entre César et son fils s'installe une brouille qui durera vingt ans. Il faudra que Marius passe à son tour dans le camp des hommes mûrs pour que la fréquentation de son père lui paraisse de nouveau supportable.

Le rôle de Césariot est intéressant, lui aussi.

Au fond, Marius aurait normalement dû faire ce qu'ont fait des millions de jeunes gens : partis à vingt ans, ils sont revenus à vingt-cinq, ont retrouvé (pas toujours) leurs amours de jeunesse, fondé un foyer et vu partir, à leur tour, leurs enfants devenus grands.

Si Marius n'a pas pu suivre le scénario habituel, c'est à cause du petit enfant qu'il a laissé derrière lui. C'est à cause de lui que la tribu le chasse :

> MARIUS. – Comment, toi aussi, tu me fous à la porte ?
>
> CÉSAR. – Non, mon petit, ce n'est pas moi.
>
> MARIUS. – Oh ! je sais, il n'y a pas que toi. Il y a Fanny aussi. Elle attend que je m'en aille.
>
> CÉSAR. –[...] Non, Marius, ce qui te fait partir, ce n'est pas moi, ce n'est pas elle, ce n'est pas Panisse : mais tu es un danger pour l'avenir de ton enfant. Alors, c'est lui qui te renvoie. (*Fanny,* III, 15.)

Mais c'est lui qui, vingt ans après, l'aide à réintégrer la tribu :

> MARIUS. – Où est-ce que nous allons comme ça ?
>
> CÉSARIOT. – Chez votre père. Il vous attend. Vous ne voulez pas venir ?
>
> MARIUS. – Si tu crois qu'il faut y aller, allons-y. (*César,* p. 184.)

La relation Honorine-Fanny est de la même nature que celle du couple César-Marius, avec deux différences importantes. L'une : elle est plus passionnée, plus directe, elle ignore la nuance et la métaphore. Quand Honorine a quelque chose à dire à sa fille, elle ne s'embarrasse pas de circonlocutions. L'autre : loin de souhaiter quitter le domicile familial, Fanny est prête à tout pour y rester. Elle a encore besoin du giron maternel. Il est vrai qu'elle n'a que dix-huit ans, et pas vingt-trois, comme Marius. Ainsi, alors qu'elle ne tient pas du tout à épouser Panisse :

> Moi, je pense que je gagne très bien ma vie ; je suis capable de travailler, de me débrouiller seule. Mon idée, si maman me le permettait, ce serait de ne pas me marier, et d'élever mon enfant par mon travail, en attendant que son père revienne, s'il revient. (*Fanny,* I, 2, 6.)

Mais maman ne le permet pas : ce n'est pas du tout son idée, à elle. Fanny se soumet donc :

■ Milly Mathis
(Claudine), Orane
Demazis (Fanny)
et Alida Rouffe
(Honorine) dans
Fanny (1932).
Sa mère et sa tante
essaient de
convaincre Fanny
d'épouser Panisse.

FANNY. – Je ferai tout ce que tu voudras, pourvu que tu me gardes.

HONORINE. – Alors, c'est tout simple et nous sommes sauvées. Épouse Panisse. (*Fanny*, I, 2, 6.)

Comme c'est le cas pour les deux hommes, la relation se modifie quand la fille devient épouse et mère. Mais cette transformation s'effectue à l'avantage de Fanny, parce qu'elle a changé de statut social, parce qu'elle est désormais une « dame », une bourgeoise, riche et respectée.

(Par parenthèse, on peut se demander ce qu'elle serait devenue si elle n'avait pas épousé Panisse. Elle est entrée, avec un tel naturel, dans le rôle de patronne d'une entreprise florissante qu'on ne peut s'empêcher de penser qu'elle eût en quelque sorte « raté sa vie » si elle fût restée la petite marchande de moules et de clovisses, épouse d'un modeste limonadier. Et puis : aurait-elle fini par ressembler à sa mère ?)

Marcel Pagnol nous donne deux exemples de relations père-fille, avec *Angèle* et *La Fille du puisatier*. Dans le premier, noir comme du Giono, l'autoritarisme du « maître » est poussé jusqu'à l'égarement par la blessure de l'orgueil. Il n'est plus guère alors de relation possible. Les auteurs ne nous disent pas si Angèle aime (ou aimait jusque-là) son père, mais on en doute, car on voit mal quel genre d'affection pourrait susciter un homme aussi dur et froid. Quant à la mère, qui devrait être non seulement l'intermédiaire, mais aussi le recours de sa fille, elle est inexistante. Pas de misogynie particulière ici : Philomène appartient à cette race de femmes soumises dont la tradition remonte au paléolithique et qui était loin d'avoir disparu dans le premier tiers du XXe siècle.

Dans *La Fille du puisatier,* même attitude d'abord, quoique en plus mesuré, puisque Pascal demande seulement à sa fille d'aller accoucher chez sa tante, à Fuveau. Il est vrai qu'il interdit à ses sœurs cadettes d'aller la voir. Mais, pour finir, c'est lui qui va la chercher, avec son fils, pour les ramener à la maison. Homme seul, à la tête d'une bande de six filles, avec un métier dur et peu rémunérateur, on comprend que le puisatier ait pu, quelques semaines durant, se laisser emporter par l'amour-propre et par le désespoir.

Mais j'aimerais revenir à Fanny, pour le seul exemple que Marcel Pagnol nous donne d'une relation mère-fils.

Il existe, entre Fanny et Césariot, une affection solide et profonde. Il est clair que cette jeune femme a reporté sur son fils l'amour qu'elle éprouvait pour Marius et que son mari, si attentif fût-il, ne pouvait combler. Il est probable aussi qu'elle a intensément voulu que cet enfant, qui avait fait son malheur, lui donne un jour un peu de bonheur. De son côté, Césariot, à qui l'on a donné un père trop âgé pour lui, peut-être trop prévenant parce que trop admiratif, a certainement trouvé une complice à sa mesure dans sa très jeune mère.

Cette affection est assez solide pour résister à une tempête dévastatrice : la révélation du véritable père, donc la révision déchirante du personnage maternel. Ce n'est pas l'École polytechnique qui fait de Césariot un homme, c'est la décision qu'il doit prendre – ou plutôt l'attitude qu'il doit adopter devant l'image nouvelle qu'il a de sa famille. On observera que César, à la fois son grand-père et son parrain, mais plus encore homme de sagesse, l'aide, avec cette affectueuse rudesse qu'on

■ Raimu (Pascal Amoretti), Claire Oddera (Amanda), Josette Day (Patricia) et Fernandel (Félipe) dans *La Fille du puisatier* (1940). Josette Day a également tourné dans *La Prière aux étoiles,* film que Marcel Pagnol laissa inachevé.

lui connaît depuis toujours, à traverser cette épreuve difficile.

Quelles seront les relations de Césariot avec son père naturel ? On sait que celui-ci, qui n'a pas d'autre enfant, adopte immédiatement, avec l'émotion de qui retrouve un être qu'il croyait à jamais perdu, celui que Panisse a élevé à sa place. Mais il est probable qu'il jouera les grands frères beaucoup plus que les pères : quelle autorité pourrait-il avoir, sinon artificielle, sur un homme qu'il n'a jamais tenu dans ses bras quand il était petit ?

À ce propos, il y a une réplique que je ne pardonne

pas à César – je veux dire à son créateur. Elle achevait la dernière scène entre le grand-père et le petit-fils, dans la première version du découpage :

> CÉSARIOT. – Alors, tu crois que tu peux arranger les choses... entre maman et ton fils ?
>
> CÉSAR. – Ton fils ? Pourquoi « ton fils » ? Tu crois que ça te brûlerait la gueule si tu disais « mon père » ?

On attendrait de Césariot qu'il réponde : « Je ne le penserais pas. J'ai eu un père pendant vingt ans. Ne me demande pas d'en changer tout de suite. » Mais non : il se

■ Double page suivante : Henri Poupon (Merlusse) avec un élève qui passera Noël au lycée, dans *Merlusse* (1935).

met à pleurer. On ne peut s'empêcher de penser que cette émotion, si compréhensible qu'elle soit, l'entraîne un peu vite vers l'heureuse conclusion de cette belle histoire.

Une conception étendue de la relation parents-enfants apparaît dans *Merlusse*. En effet, au-delà de l'exposition, qui présente une vision traditionnelle, et presque caricaturale, de la condition des surveillants de lycée (on disait alors « répétiteurs »), se développe un autre thème : celui des jeunes internes obligés de passer Noël en pension parce que leurs parents ne peuvent les recevoir :

> CATUSSE. – Evenos, lui, il est orphelin.
>
> GALUBERT. – Ça, c'est malheureux et triste d'être orphelin. Mais quand même, si tes parents viennent pas te chercher à Noël, ça leur fait une bonne excuse. Et on peut se dire que, s'ils étaient vivants, ils seraient venus. Tandis que nous... [...] Ça me travaille de penser qu'on est des orphelins qui n'ont pas perdu leurs parents.
> (*Merlusse,* p. 508.)

Il suffira que M. Blanchard, dit Merlusse, leur fasse un signe d'affection pour que le répétiteur craint et détesté incarne, l'espace d'un matin de Noël, l'image du père absent et que ces enfants abandonnés débordent de reconnaissance. On notera que, dans cette incarnation subite, et sans doute éphémère, le surveillant adopte, en les simplifiant, les caractères que Marcel Pagnol attribue à tous les pères de son œuvre : rudesse et goût de l'autorité d'un côté, tendresse et pudeur de l'autre. Henri Poupon, qui avait été Clarius, le père d'Angèle, l'année précédente, interprète avec beaucoup de justesse ce personnage aux traits un peu trop appuyés. Sans son talent, peut-être Merlusse serait-il moins convaincant.

Mais celui-ci joue un autre rôle dans l'œuvre de Pagnol : en assurant l'arrivée du corps enseignant, il permet de passer d'un père à l'autre, de celui de Marius, le personnage, à celui de Marcel, l'auteur.

■ Robert Vattier (le curé) et Robert Bassac (l'instituteur) dans *La Femme du boulanger* (1938). Les deux adversaires idéologiques se concertent avant d'aller chercher la boulangère.

INSTITUTEURS ET CURÉS

> L'INSTITUTEUR. – Et vous, dites donc, qu'est-ce que vous croyez être, espèce de prégadiou* ?
> LE CURÉ. – Vade retro, Satana !
>
> (La Femme du boulanger, p. 31.)

Marcel Pagnol avait neuf ans quand la séparation de l'Église et de l'État, mise en œuvre par Émile Combes, entraîna une rupture de la France avec le Saint-Siège : la bataille laïque commençait. Elle devait se poursuivre dans certaines provinces, et parfois sous des formes violentes, jusqu'au milieu des années cinquante. En Pro-

*Littéralement : « prie-Dieu ». Nom provençal de la mante religieuse.

vence, pays peu clérical, il y eut des affrontements verbaux, de sournoises luttes d'influence, des controverses dans les conseils municipaux, mais pas de batailles rangées.

Ces conflits, peu apparents dans les villes, où ils se dissolvaient au milieu des problèmes quotidiens, animaient sérieusement les campagnes. L'église et « l'école sans Dieu » représentaient des pôles d'attraction autour desquels s'organisaient non seulement le climat spirituel et moral, mais aussi la vie quotidienne, avec ses lieux de rencontres, ses activités de loisirs, ses fêtes laïques ou patronales, et jusqu'à ses concours de belote et ses soirées de loto.

Cela d'autant plus que, dans les querelles idéologiques, venaient s'insérer des rivalités de pouvoir. En un temps où l'instruction était assez peu répandue, l'instituteur et le curé représentaient non seulement le savoir, mais aussi la sagesse. Ils intervenaient dans toutes les affaires publiques et dans certaines affaires privées. On ne se bornait pas à reconnaître leur autorité : on la sollicitait. Quand le maire possédait une forte personnalité, ainsi qu'une situation qui le mettait à l'abri des pressions partisanes, il constituait un troisième pouvoir. C'est le cas du marquis de *La Femme du boulanger*. Mais, la plupart du temps, il se rangeait dans un camp ou dans l'autre, selon ses propres convictions politiques et religieuses.

Autrement dit, si Marcel Pagnol pouvait faire l'économie de cette situation sur le Vieux-Port, où les rapports de l'école laïque et du clergé ne concernaient que très modérément la population locale, il ne pouvait l'éviter quand il mettait en scène toute une communauté villageoise : dans *La Femme du boulanger* et *Manon des sources*.

On remarquera, en effet, qu'instituteur ni curé ne figurent dans *Angèle, Regain* et *La Fille du puisatier*, drames pourtant paysans, mais qui ne traitent que de problèmes familiaux, dans lesquels la collectivité n'intervient pas. On pourrait même se demander pourquoi le curé de la paroisse ne vient pas au secours d'Angèle. Il est probable que Clarius inspire à ses familiers une crainte si forte que personne n'ose le prévenir.

Deux instituteurs jouent un rôle important dans l'œuvre de Marcel Pagnol : celui de *La Femme du boulanger* et celui de *Manon des sources*. Ils sont tous les deux désignés, dans le scénario, par leur fonction. On ne connaîtra pas le nom du premier. Et nous apprendrons, au détour d'une réplique sans importance, que le second se prénomme Maurice[1]. On ne peut pas mieux signifier que ce n'est pas l'individu qui compte ici, mais son état. En effet, au moment où la personnalité du second se manifeste, où il sort de son emploi pour avouer son amour d'homme à Manon, l'auteur lui accorde la moitié d'une identité. L'instituteur des Bastides Blanches peut rester anonyme. L'amoureux de Manon doit avoir au moins un prénom – que nous oublierons, bien sûr, immédiatement.

L'instituteur de *La Femme du boulanger* a l'assurance, le dynamisme et la jovialité des « hussards noirs de la République ». Il est vrai que, jeune et célibataire, il n'a pas encore eu le temps d'user son enthousiasme au contact des rudes cervelles de la France profonde. Cela viendra plus tard, avec l'humilité, quand il fera la classe aux enfants de ses premiers élèves.

Il faut reconnaître que Marcel Pagnol triche un peu. S'il accorde une langue affilée à son maître d'école, il embarrasse celle de son adversaire. Même au milieu des années trente, un curé de village ne se fût pas risqué à une controverse aussi élémentaire sur Jeanne d'Arc :

> LE CURÉ. – Vous avez prononcé devant des enfants les phrases suivantes : « Jeanne d'Arc était une petite bergère de Domrémy. Un jour qu'elle gardait ses moutons, *elle crut entendre des voix.* » C'est bien ce que vous avez dit ?

---

1. Une didascalie, à peine apparente, précise, vers la fin de la deuxième séquence, que la mère de l'instituteur s'appelle Mme Bouvard. Le spectateur n'en est donc pas informé.

L'INSTITUTEUR. – C'est très exactement ce que j'ai dit.

LE CURÉ. – Songez-vous à la responsabilité que vous avez prise quand vous avez dit : « crut entendre » ?

L'INSTITUTEUR. – Je songe que j'ai justement évité de prendre une responsabilité. J'ai dit que Jeanne d'Arc « crut entendre des voix ». C'est-à-dire qu'en ce qui la concerne elle les entendait fort clairement – mais en ce qui me concerne, je n'en sais rien.

LE CURÉ. – Comment, vous n'en savez rien ?

L'INSTITUTEUR. – Ma foi, monsieur le Curé, je n'y étais pas. […] En 1431, je n'étais même pas né.

LE CURÉ. – Oh ! n'essayez pas de vous en sortir par une pirouette. Vous n'avez pas le droit de dire : « crut entendre ». Vous n'avez pas le droit de nier un fait historique. Vous devez dire : « Jeanne d'Arc entendit des voix. »

L'INSTITUTEUR. – Mais, dites donc, il est très dangereux d'affirmer des choses pareilles – même s'il s'agit d'un fait historique. Il me semble me rappeler que lorsque Jeanne d'Arc, devant un tribunal présidé par un évêque qui s'appelait Cauchon, déclara qu'elle avait entendu des voix, ce Cauchon-là la condamna à être brûlée vive – ce qui fut fait à Rouen, sur la place du Marché. Et comme, malgré ses voix, elle était combustible, la pauvre bergère en mourut.

LE CURÉ. – Réponse et langage bien dignes d'un abonné du *Petit Provençal*. (*La Femme du boulanger,* p. 28-29.)

La suite de l'aventure donnera de nouveau l'avantage à l'instituteur public.

En effet, il accepte, chaussé de cuissardes de caoutchouc, de porter le curé sur son dos à travers le marais pour retrouver la femme adultère et son amant. En première apparence, le voilà transformé en bête de somme, soumis de bon gré à une autorité spirituelle qu'il reconnaît pour supérieure à lui. La réalité se révèle toute différente. Quelle est, en effet, la signification profonde de cette scène ? Très claire : sans l'instituteur, qui connaît tous les pièges du marais pour y avoir souvent chassé, le curé se trouverait impuissant. Dans cette circonstance particulière, dramatique et bouffonne à la fois, l'appui d'un petit instituteur anticlérical se montre plus nécessaire que le secours de Dieu. Bien entendu, on pourra toujours dire que, sans la volonté divine, le petit instituteur ne se fût point trouvé là : car on peut dire tout et rien à propos des desseins de Dieu. Mais sa bienveillance eût été plus manifeste, aux yeux d'Aurélie et aux nôtres, si son représentant se fût mis à marcher sur les eaux.

Tel n'est point le cas. Dieu, semble-t-il, réserve ses miracles pour des causes plus spectaculaires.

Marcel Pagnol tire aussi, de ce minuscule et tragicomique événement, une morale plus ample, plus *civique* : quand le feu prend à la maison, ou s'éteint chez le boulanger, on ne demande à personne de montrer

■ Henri Vilbert (le curé) dans *Manon des sources* (1952), au moment où la fontaine du village, tarie depuis plusieurs semaines, se remet à couler.

patte blanche, on ne comptabilise pas les bulletins de confession. L'urgence et la difficulté de la tâche commune vont d'ailleurs faire naître une complicité, passagère peut-être, mais allez donc savoir? entre les deux hommes :

> LE CURÉ. – Avancez encore de quelques pas. Et puis, nous essaierons quelque chose.
>
> L'INSTITUTEUR. – Une prière?
>
> LE CURÉ. – Les prières sont faites, mon cher ami. Nous essaierons un appel.
>
> L'INSTITUTEUR. – Quel métier! Nom de... d'une pipe...
>
> LE CURÉ. – Oui, d'une pipe. C'est mieux. Hue, cocotte! Encore quelques pas.
>
> L'INSTITUTEUR. – Mon vieux, moi, je t'avertis que je commence à m'enfoncer.
>
> LE CURÉ. – Vas-y quand même, mais surtout ne me lâche pas. (*La Femme du boulanger,* p. 168-169.)

Il faut reconnaître que ce curé, honnête représentant du clergé pur et dur de la IIIe République, se pose des questions à décourager un séminariste. Mais nous y reviendrons bientôt.

L'instituteur de *Manon des sources* a un autre rôle à jouer, celui du jeune premier. Cela ne l'empêche pas d'assumer sa fonction habituelle, d'arbitre et de défenseur des faibles, aidé en cela, il faut le dire, par un brigadier de gendarmerie qui s'est trompé de métier (c'est lui qui l'affirme) et par le maire du village. Il n'a pourtant pas plus de vingt-deux ou vingt-trois ans, puisqu'il confie à Philoxène que, deux ans auparavant, il se trouvait encore à l'École normale.

À vrai dire, plus qu'un arbitre, cet instituteur-là se présente comme un catalyseur. Sa présence, ses questions, son désir de comprendre le passé délient les langues, ouvrent les yeux et délivrent les consciences. Ce sera au prix de la mort du coupable. Mais quoi? il faut bien que justice se fasse. Que le symbole soit recherché ou inconscient, la corde du méchant pendu portera bonheur aux amoureux.

■ Jacqueline Pagnol (Manon) et Raymond Pellegrin (l'instituteur) dans *Manon des sources* (1952). La bergère va épouser le « prince » laïque et républicain...

On remarquera, en passant, que Marcel Pagnol renoue, dans cette histoire, avec la grande tradition du conte occidental, puisqu'un prince, modeste il est vrai (mais pas plus, peut-être, qu'Oreste ou Télémaque, qui régnaient sur des garrigues souffreteuses), épouse une bergère avant la chute du rideau.

Avant de passer aux représentants du clergé, j'aimerais dire quelques mots d'un personnage important et qui ne saurait trouver ailleurs une meilleure place : c'est M. Brun.

Si aucun instituteur n'apparaît dans la trilogie marseillaise, du moins en trouve-t-on le double. Car ce jeune vérificateur des douanes joue le même rôle, assume la même fonction.

En effet :

– Il n'est pas originaire du pays, mais s'est très bien inséré dans le microcosme du bar de la Marine, qui l'a parfaitement adopté. Il participe aux inquiétudes, aux chagrins et aux joies de chacun.

– Il n'est ni commerçant ni artisan, mais petit fonctionnaire.

– Il possède une instruction modeste mais solide, acquise « aux écoles », en tout cas supérieure à celle des gens qui l'entourent.

– À cause de cette instruction, mais aussi de son caractère allogène, qui est supposé le rendre objectif, on le prend volontiers pour arbitre. (Il ne s'y prête pas sans circonspection.)

– Il est devenu assez familier pour qu'on se moque parfois de lui, comme dans l'affaire du Pitalugue, ou pour essuyer la mauvaise humeur de César, mais on respecte sa vie privée : personne ne parle de ses bonnes fortunes, s'il en a, et si une de ses maîtresses le trompait, il est vraisemblable que l'on n'évoquerait pas cet événement fâcheux devant lui. Ce qui, on ne peut guère l'ignorer, n'est pas le cas de tout le monde.

On voit qu'aucun instituteur ne pourrait entrer dans la tribu du quai de Rive-Neuve : la place est prise par un douanier qui, n'en déplaise à son concitoyen Marcel

Achard (et ça ne lui déplaisait pas), est devenu, du même coup, le Lyonnais le plus célèbre de tout le répertoire dramatique français.

Si les deux instituteurs (et M. Brun) ont des points communs, les trois curés, en revanche, ne se ressemblent guère.

Le premier que nous montre Marcel Pagnol est Elzéar, qui ne se trouve pas dans les deux premiers volets de la trilogie et n'apparaît que dans *César*. Ce personnage pose un problème curieux. Marcel Pagnol nous en donne, en effet, deux images différentes.

Dans une première version du découpage (*Œuvres dramatiques*, Gallimard-Fasquelle, 1954, p. 409-410), Elzéar inspire un malaise que le talent de l'auteur ne parvient pas à dissiper.

Il est pourtant tout à fait sympathique, au début. Son intervention ès qualités, au moment de la mort de Panisse, est d'une grande justesse de ton, et tour à tour embarrassée, chaleureuse, ferme, pudique, pleine de tendresse et de dignité. Et puis, soudain, tout bascule. Car enfin, voilà un homme qui est un ami d'enfance de César, de Panisse, d'Honorine, d'Escartefigue, qui a connu Fanny quand elle était enfant, qui l'a peut-être baptisée, qui l'a fait communier pour la première fois – bref, qui aime tout ce monde comme un qui appartient à la tribu. Et que va-t-il exiger de cette jeune femme dont il ne peut ignorer que sa vie fut brisée, à dix-huit ans, par le départ de l'homme qu'elle aimait ? De prendre le risque de la briser une deuxième fois en étant reniée par son fils. Ce curé a même des mots d'une impardonnable cruauté :

> FANNY. – Vous, vous voyez la chose en prêtre. Ça vous paraît tout simple et tout clair... On dit trois mots, et le péché est effacé... Mais si, à la place du péché, il ne reste que le désespoir ? Mais vous ne sentez donc pas que mon enfant va me mépriser ?
> LE CURÉ. – Il aura raison. (*César*, p. 409.)

■ Charpin
(le Marquis),
Charles Blavette
(Antonin), Raimu
(Aimable) et Robert
Vattier (le curé)
dans *La Femme du
boulanger* (1938).
Sa femme partie,
Aimable noie son
chagrin dans le
pastis et fait
la grève de la faim.

Il est difficile de manquer à ce point au devoir de charité.

On me dira peut-être, bien qu'il s'agisse d'un autre débat, que ce chantage est justifié par des raisons dramatiques : si Fanny n'était pas tenue, d'une manière ou d'une autre, de révéler le nom de son vrai père à Césariot, il n'y aurait pas d'histoire. Mais, justement, un auteur aussi inventif que Marcel Pagnol aurait pu trouver mille autres causes à cet aveu. Je ne parviens pas à considérer ce choix comme réellement innocent.

Il devrait l'être tellement peu, innocent, que l'auteur est revenu, quelques années plus tard, sur ce portrait à l'eau-forte : dans une deuxième version du même entretien (*César*, Bernard de Fallois, coll. « Fortunio », p. 75-78), le ton général s'est beaucoup adouci. La scène ne se situe plus le lendemain de l'enterrement de Panisse, mais deux ans plus tard. Fanny n'est plus la mère boule-

versée qu'Elzéar a connue petite fille, mais une femme
forte. Le prêtre se borne donc à lui donner une lettre,
qu'Honoré lui avait confiée sur son lit de mort et qu'elle
doit remettre à son fils « le plus tôt possible ». Il ne la
menace plus des foudres divines, il ne considère plus cet
aveu comme un châtiment, mais comme un devoir à
remplir. Et pourquoi ?

> Pour qu'il ne l'apprenne pas par d'autres, et pour qu'il
> sache que tu n'as jamais menti à ton mari.

Raison toute « laïque », et que chacun peut comprendre. D'ailleurs, cette fois, Fanny n'est pas révoltée
par cette tâche qui lui incombe. Elle dit seulement :

> Puisque mon mari l'a voulu, je le ferai dès que j'en
> aurai l'occasion.

Et Elzéar se contente de cette réponse évasive.

Il y a une suite et une fin à ce curieux remaniement :
c'est que Marcel Pagnol a purement et simplement supprimé cette scène de la dernière version cinématographique, accordant ainsi à Fanny (par défaut) l'initiative
de cette révélation…

Le deuxième curé, celui de *La Femme du boulanger,* est
tout à fait différent. D'abord, c'est presque un jeune
homme. Ensuite, il est plus intellectuel, plus raisonneur
et peut-être plus philosophe qu'Elzéar. Enfin, et ce n'est
certainement pas sans rapports, il se pose des questions
inconfortables pour un prêtre. Il lui arrive même de
manifester une certaine forme d'humour.

Naturellement, il a un travail à faire, une tâche à
accomplir : le maintien de ses ouailles dans le droit chemin et le sauvetage de leurs âmes en péril. D'où les discours un peu stéréotypés, et parfois malencontreux,
qu'il tient à propos de la fugue de la boulangère :

> Maris impies, maris aveugles, vous n'êtes pas ici, mais
> ma parole vous atteindra. Que cette tragédie vous serve
> de leçon. Sachez que toute femme a besoin d'un berger. Si
> vous empêchez ces faibles ouailles de se réfugier auprès
> du Berger des âmes, elles s'envoleront avec un berger de

moutons, un berger maudit du Seigneur, un berger qui dévore le cœur de ces innocentes brebis. Si du moins ce ravisseur malhonnête vous fait enfin comprendre vos devoirs, je dirai que cette histoire scandaleuse est un grand bienfait pour la paroisse. Nous devrons tous nous en réjouir, et il nous faut remercier Dieu de cet avertissement salutaire. (*La Femme du boulanger,* p. 95-96.)

En ce qui le concerne, c'est un autre avertissement que cette tragédie lui adresse. Il le confie, avec une attendrissante ingénuité, à ce vieux paillard de marquis :

Notre mission nous force à fréquenter des femmes. Et je vous avoue simplement qu'il m'est arrivé d'être frappé par un visage et d'en recevoir une impression mystérieuse mais très vive. Je ne m'en apercevais pas sur le moment ; mais brusquement, un jour, je découvrais que je pensais souvent à la même personne, que ses intérêts me devenaient chers, que sa confession me troublait. Bien entendu, j'ai réagi et même avec une certaine violence puisque c'est pour un drame de ce genre que j'ai abandonné ma première paroisse, celle de Cadenet, qui pourtant me donnait bien des satisfactions [...]. Mais serai-je toujours capable de réagir ? (*La Femme du boulanger,* p. 124.)

Voilà qui donne une dimension plus humaine au ministre de Dieu. On regrette de ne pas connaître son nom, à celui-là, on lui serrerait volontiers la main comme concitoyen.

Et c'est peut-être lui qui, une trentaine d'années plus tard, et « pour un drame de ce genre », s'est retrouvé chargé des brebis des Bastides Blanches, à vingt kilomètres de Peypin, donc pas très loin de La Destrousse, de Belcodène et de Saint-Savournin.

Il me convient que le curé de *Manon des sources* soit celui qui alla chercher Aurélie à califourchon sur un maître d'école. Cela me permet de mieux comprendre, d'une part, qu'il n'ait aucun conflit avec l'instituteur de sa nouvelle paroisse ; d'autre part, la modération et la largeur d'esprit qu'il manifeste tout au long de cette aventure : juste le contraire d'Elzéar. Il ne représente pas un Dieu impitoyable, mais indulgent et compréhensif. Ainsi, voici ce qu'il dit des miracles, qui ne sont pourtant pas une petite affaire pour un prêtre :

> Mon enfant, les miracles ne sont pas toujours ce que vous pensez... Certes, il existe des lieux sacrés où le Seigneur accomplit, devant des foules, des miracles spectaculaires... Il y a des gens qui ont besoin, pour confirmer leur foi, que le Bon Dieu efface une grosse tumeur, ou qu'il fasse danser une moribonde subitement épanouie... C'est-à-dire que pour les sourds, Dieu sonne sa plus grosse cloche... Mais le miracle, le vrai miracle, il est invisible et quotidien... (*Manon des sources,* dernière séquence.)

Lui aussi, avec les moyens dont il dispose, et sans rien renier de la mission qui lui a été confiée par son évêque, il participe à la résolution du problème posé, longtemps auparavant, par la mise à l'écart et par la ruine de Jean de Florette. Le prêche qu'il dispense, lors de la quatrième séquence, est un modèle d'intelligence diplomatique et de vertu. Il est digne de Massillon :

> Ce ne sont pas les bannières qui font la force d'une procession, ce sont les cœurs purs ; et même, il y a quelque chose qui est encore plus précieux qu'un cœur pur : ce sont les cœurs purifiés. Et si seulement quelques-uns d'entre vous prennent la résolution de réparer leurs fautes, s'ils prennent avec eux-mêmes l'engagement solennel de faire au moins une bonne action ou de réparer le mal qu'ils ont pu faire, alors moi, je suis sûr que le Grand Fontainier, qui vous a coupé l'eau, n'attend que votre repentir pour vous la rendre. (*Manon des sources,* p. 936.)

Et quand il quitte Versailles pour revenir vers Garlaban, il retrouve des accents universels :

> Quant à l'eau, parce que vous avez tout remis en ordre, vous croyez qu'elle va couler de nouveau. En êtes-vous sûre ? S'il plaît à Dieu de l'arrêter en route, nous ne la

reverrons jamais ! Et si elle jaillit tout à l'heure, je serai aussi étonné et aussi reconnaissant que si vous ne m'aviez rien dit... (*Manon des sources*, quatrième séquence.)

Si son troisième curé n'est pas un jeune homme, Marcel Pagnol non plus : il a cinquante-sept ans quand il écrit *Manon des sources*. La guerre scolaire est finie, en Provence, depuis longtemps. Ce qu'il en reste a la saveur des joutes folkloriques. Si la paix n'est pas tout à fait signée, la trêve est bien installée dans les esprits et dans les mœurs.

Ce n'est plus sur des problèmes de religion que la collectivité villageoise se divise désormais. Pourtant, nous l'avons vu, c'est à sa défense et à son illustration que l'écrivain et le cinéaste continue à se consacrer.

LA TRIBU

M. BRUN. – Il a eu tort de se fâcher, mais vous avez eu tort de tricher.
CÉSAR. – Si on ne peut plus tricher avec ses amis, ce n'est plus la peine de jouer aux cartes.

(*Marius*, III, 1, 2.)

Marcel Pagnol n'était pas un solitaire, pas un écrivain de cabinet. C'est peut-être ce qui l'a conduit à choisir finalement, comme mode d'expression, le théâtre et le cinéma au lieu du roman et de la poésie auxquels il s'était pourtant essayé dans sa jeunesse. Et, dans sa vie personnelle, il a toujours accordé la plus grande importance à la famille, puis à la tribu.

Dès sa première enfance, il grandit au sein d'un noyau familial solidement uni, dont les vacanciers de La Bastide Neuve sont les héros. Il ne s'agit pas là

■ A Marseille, pendant le tournage de *Fanny* (1932). Raimu, Marcel Pagnol, Orane Demazis et Pierre Fresnay. Les collaborateurs de Marcel Pagnol ont toujours vanté l'atmosphère de détente et de bonne humeur des séances de travail.

■ Marcel Pagnol en habit vert. Reçu à l'Académie française le 27 mars 1947, Marcel Pagnol y a causé une certaine émotion en faisant filmer, par ses techniciens, son discours de réception.

d'une situation extraordinaire : elle est même des plus répandues. Mais au lycée non plus, il ne reste pas isolé, tout au contraire. Or, c'est déjà moins naturel. Il existe des jeunes gens et des jeunes filles, ombrageux ou renfermés, qui refusent de s'intégrer à une collectivité étrangère, surtout quand on la leur impose. Ce n'est pas le cas de Marcel Pagnol. Il est vrai qu'il est très populaire parmi ses camarades, ce qui facilite l'insertion sociale :

> Dans la cour des petits du lycée Thiers, entre les deux roulements de tambour qui marquent le début et la fin de la « récré », les élèves de la 6e A2 ont tout de suite reconnu en Marcel leur prince. C'est lui qui décide quel jeu on va jouer, qui jouera, et comment sont constituées les équipes... (R. Castans, *Marcel Pagnol,* p. 25.)

Devenu adolescent, la souveraineté de la cour de récréation ne lui suffit plus. Qu'à cela ne tienne : il fonde une revue. *Fortunio* paraîtra pour la première fois le 10 février 1914 et Marcel Pagnol en animera l'équipe jusqu'à son départ pour Paris, et même un peu au-delà.

À Paris, pense-t-on que le jeune écrivain va s'enfermer pour travailler à l'œuvre qu'il médite ? Pas du tout : il retrouve un nouveau groupe, de Lyonnais cette fois, celui de *Bonsoir,* un quotidien de critique théâtrale, où il fait la connaissance d'Henri Béraud, mais aussi de Marcel Achard et d'Henri Jeanson, qui resteront ses amis.

Enfin, à cinquante et un ans, il entre à l'Académie française, la plus olympienne, sinon la plus affectueuse, des compagnies.

Mais la vraie tribu, la sienne, c'est quelques années plus tôt qu'elle s'est constituée, avec la fondation de la société de production. Il s'est ainsi formé, autour du jeune producteur, une équipe de comédiens et de techniciens, dont certains n'ont jamais travaillé qu'avec lui, et auxquels il restera fidèle.

Raymond Castans a fort bien décrit l'atmosphère chaleureuse qui régnait sur les lieux de tournage :

> Le film se fait ainsi à la bonne franquette. Tous ceux qui y participent, comédiens, techniciens, machinistes, électriciens, sont logés à La Treille ou dans les environs immédiats. Ils se retrouvent pour des repas en commun […]. Aucune hiérarchie ne préside dans la répartition des places autour de la table. Chacun s'installe où il veut. On évoque des souvenirs. On raconte des blagues. On se lance des défis à la pétanque. On écoute surtout parler Pagnol. (R. Castans, *op. cit.,* p. 173.)

La tribu ne fonctionne jamais sans passions. Ce qui la fonde, c'est une forte attirance pour la fraternité, ce sont les replis sur soi, existentiels ou stratégiques, qui la secouent parfois. Marcel Pagnol a connu le chagrin de brouilles retentissantes, toujours résolues, finalement, par la vieille affection qui savait faire, au moment voulu, le ménage. Ainsi des démêlés avec Raimu, lequel ne devait pas être facile à vivre non plus, ou des chamailleries avec Fernandel.

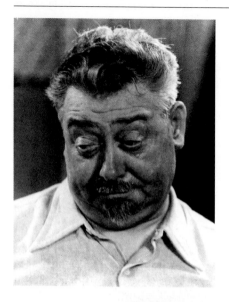

■ Ci-contre, à gauche : Dullac (Escartefigue), susceptible représentant de « la Marine française », dans *César* (1936).

■ Page droite, en haut : Marguerite Chabert (Mme Toffi) dans *Cigalon* (1935).
Alida Rouffe (Honorine) dans *Marius* (1931). Revenue trop tôt de son week-end à Aix, Honorine est bouleversée de trouver Marius endormi dans le lit de sa fille.
En bas : Milly Mathis (la femme du menuisier) dans *Manon des sources* (1952). Après avoir créé Claudine *(Fanny)*, Milly Mathis s'est retrouvée dans la plupart des films de Marcel Pagnol. Elle a également repris sur scène, en 1962, le rôle d'Honorine dans *Marius*, aux côtés de Jean-Louis Trintignant (Marius) et Catherine Rouvel (Fanny).

■ Ci-contre : Robert Vattier (M. Brun) dans *Marius*. Bien qu'il n'en ait pas été le créateur à la scène (c'était Pierre Asso), Robert Vattier a su faire du vérificateur des douanes lyonnais un des grands personnages de la trilogie. En échange, celui-ci lui a valu une gloire durable.

■ Jean Castan (Galubert), entre deux autres lycéens, dans *Merlusse* (1935). Jean Castan a tourné dans de nombreux films de Marcel Pagnol.

■ Charpin (Panisse, le « Maître voilier ») dans *Marius* (1931). Après la trilogie de Pagnol, Charpin a fait une belle carrière au cinéma.

■ Dullac (Escartefigue), à gauche, et Maupi (le chauffeur du fériboîte), en bas, en compagnie de Raimu et de Robert Vattier, aux obsèques de Panisse, dans *César* (1936). Ces deux comédiens n'ont guère tourné qu'avec Pagnol.

■ Henri Poupon (Fonse) et Charles Blavette (Antoine) dans *Jofroi* (1933). Henri Poupon n'a pas réussi la grande carrière qu'il méritait. Blavette fut un des piliers de la « tribu Pagnol ».

■ Marcel Pagnol, Grace de Monaco et Marcel Achard, au cours d'un dîner officiel, à la fin des années cinquante. Marcel Pagnol était un grand ami de Rainier III.

Au goût de la tribu on peut lier l'attachement aux origines. Raymond Castans, dans son beau livre, donne plusieurs exemples d'une sorte de « solidarité méridionale ». N'en exagérons pas les effets. Mais il est vrai que l'on peut être surpris en voyant le même individu, écrivain célèbre, producteur à succès, homme d'affaires et académicien, porter la même sorte d'affection à Albert Cohen, Fernand Aviérinos, Rainier III, Raimu, Fernandel, Charles Blavette et Tino Rossi.

Trouve-t-on des échos de ce goût de la chaleur communautaire dans l'œuvre de Marcel Pagnol ?

Eh bien, pas tellement, au fond. La seule tribu socialement organisée est celle de la trilogie marseillaise. On y voit, selon les procédures habituelles, des membres fondateurs et des bouts rapportés, autochtones ou venus d'ailleurs. Chaque individu y a sa place, reconnue comme telle à la fois par les autres et par lui-même, et qui dépasse l'*emploi* traditionnel des personnages de théâtre. Un certain nombre de rites, notamment dans l'ordre du discours, définissent leurs rapports en assurant la complicité générale. Ainsi, on aurait tort de prendre certaines saillies pour des naïvetés, et de se moquer de ceux qui les énoncent : bien au contraire, ce sont des malices qui font partie de la liturgie tribale, et destinées à faire rire les voisins ou les passants éberlués.

Par exemple, ne soyons pas dupes de la sonore apostrophe de César, sur le trottoir, devant sa porte :

> César. – Monsieur Brun !
>
> M. Brun, *au loin.* – Oui !
>
> César. – Ne le dites à personne qu'Escartefigue est cocu. Ça pourrait se répéter ! (*Marius*, III, 1, 6.)

On imagine facilement César, guettant du coin de l'œil le témoin hilare et complaisant de sa plaisanterie familiale.

Même chose avec la vente des voiles du *Pitalugue* au douanier lyonnais, laquelle est une immense galéjade. Panisse affecte de reprocher à César de lui avoir fait manquer une vente. En réalité, il n'a jamais ignoré que cette vente n'aurait pas lieu parce qu'il savait, comme tout le monde, que, dès sa première sortie, l'acquisition de M. Brun se retrouverait la quille en l'air avant d'atteindre le château d'If. On peut même se demander si toute cette histoire n'était pas combinée entre eux pour faire prendre un bain d'eau salée au citoyen de la Croix-Rousse...

■ Marcel Pagnol et Jacqueline Pagnol chez Tino Rossi, à Ajaccio. Marcel Pagnol a fait tourner Tino Rossi dans *La Belle Meunière,* épisode romancé de la vie de Schubert.

MORALE

Quand le vin est tiré, il faut le boire, surtout s'il est bon.
(César, p. 192.)

Il est à craindre que la morale défendue par Marcel Pagnol, sauf celle de *Topaze* (mais, justement, il ne la défend pas), apparaisse aux yeux de nos contemporains comme désuète, voire, pour certains, résolument réactionnaire. C'est qu'elle implique quelques contraintes sociales que les Occidentaux de la fin de ce siècle ne supportent plus.

Pourtant, dans les années trente, quand Marcel Pagnol écrit ses principales œuvres, la morale qu'il propose est, sinon révolutionnaire, du moins nettement anticonformiste, parce que c'est une morale républicaine et *laïque*. On ne sait plus assez, aujourd'hui, ce que fut la lutte des tenants de l'« école sans Dieu » pour permettre à tous les citoyens d'échapper à la contrainte cléricale. Quand Marcel Pagnol devint auteur dramatique, la loi Combes, qui instituait la séparation de l'Église et de l'État, n'avait qu'un quart de siècle – juste le temps qui nous sépare d'un certain mois de mai. Tout n'était pas encore acquis dans ce domaine pourtant essentiel.

Le meilleur moyen de lutter contre les cléricaux était alors de montrer que l'on pouvait être « sans Dieu » et vertueux, « sans Dieu » et bon père de famille, « sans Dieu » et patriote. Ce qui paraît une banalité au lecteur ou au spectateur d'aujourd'hui était loin d'être admis par une grande partie de la population, laquelle, sans être forcément confite en dévotion, jugeait les pensées et les actes de ses congénères à travers les prônes du dimanche matin.

■ L'affiche de la deuxième version de *Topaze* (1936). Topaze est interprété par Arnaudy.

MORALE

Par ailleurs, nos concitoyens ont vécu, sans s'en rendre compte, voici un demi-siècle, une insidieuse calamité, le jour où feu le maréchal Philippe Pétain a pris comme devise *Travail-Famille-Patrie*. Depuis lors, on ne peut plus critiquer les feignants, aimer ses parents ni défendre son pays sans se faire insulter. Il s'agit pourtant là de valeurs assez universelles, car on ne voit pas bien, cela vaut la peine d'y réfléchir un instant, comment instituer, puis faire prospérer, une société juste et pacifique sans elles. (Au fait : pourquoi continue-t-on, sans état d'âme, à célébrer la fête des Mères, création du même officier supérieur ?)

Mais revenons à notre auteur.

La morale de Marcel Pagnol est une morale populaire, généralement issue de la tradition paysanne, et sans laquelle nous ne serions pas là pour en parler, parce qu'il y a beau temps que l'homme cultivateur, qui vivait en tribu, aurait disparu, mort de faim ou d'étripages mutuels. Le miracle, c'est peut-être qu'elle se soit maintenue jusqu'à la seconde moitié du XXᵉ siècle.

En fait, cette morale, bien que laïque et plutôt anticléricale, n'est pas antichrétienne. Et cela pour une raison simple, c'est qu'elle se fonde sur des principes humanistes, du type *Tu ne tueras point*, etc., que les chrétiens ont mis les premiers en formules lapidaires, mais qu'ils n'ont pas inventés et que tout homme de bonne volonté adopte presque spontanément. C'est une morale de la convivialité, sans laquelle aucune communauté ne peut survivre.

■ De gauche à droite : Robert Vattier (M. Brun), Maupi (le chauffeur), Charpin (Panisse), Dullac (Escartefigue), Alida Rouffe (Honorine) et Raimu (César), devant le bar de la Marine, dans *Fanny* (1932). Marcel Pagnol situe ce café sur le quai de Rive-Neuve. On l'a récemment reconstitué.

Peut-être s'applique-t-elle surtout aux communautés villageoises. Convient-elle aussi bien aux métropoles ? Rien n'est moins sûr, car elle s'appuie sur des relations de *voisinage* (personne n'est inconnu dans le groupe social) qui se sont fortement atténuées dans les villes contemporaines, où ceux que l'on côtoie suscitent beaucoup moins d'intérêt ou de compassion que les habitants des antipodes. D'ailleurs, n'est-ce pas dans les vastes concentrations humaines qu'une telle morale est surtout contestée ?

MORALE

Quels que soient l'opinion que l'on s'en peut faire et le désir que l'on a de s'en délivrer, il est tout à fait injuste de l'accuser de « pétainisme », comme on l'a trop souvent fait, notamment dans les années cinquante. En effet, elle renverse les deux premiers termes de la devise vichyssoise : la famille y passe nettement avant le travail. Et elle ignore la troisième : les Marseillais de la trilogie et les paysans d'Aubignane ou de Peypin se soucient fort peu de la grandeur de la France et de son rayonnement mondial.

Mais prenons-les l'un après l'autre.

Même si l'on souhaite éviter de tomber dans la tarte à la crème des particularismes locaux, il faut bien constater que l'importance de la famille, dont la dégradation est notoire dans la plupart des sociétés occidentales, a conservé une certaine force dans les pays méditerranéens. Et il ne s'agit pas seulement de la cellule initiale, mais de l'ensemble de la parentèle, jusqu'au second degré, et parfois au-delà.

■ Georges Grey (Jacques), Josette Day (Patricia), Raimu (Pascal Amoretti), Charpin (M. Mazel) et Line Noro (Mme Mazel), dans *La Fille du puisatier* (1940). La présence du bébé (invisible dans le landau) ne semble pas plonger cette famille dans la joie.

Rappelons ses principes naïfs. Il ne vient à l'idée de personne que « l'enfant n'a pas demandé à naître ». La vie qu'il a reçue est au contraire considérée comme un inestimable don. Il n'a donc pas « tous les droits », mais seulement quelques-uns, et notamment celui d'être nourri, aimé, protégé, puis aidé, quand il sera devenu grand, à vivre sa vie d'adulte. Il a aussi quelques devoirs : obéissance et respect à l'égard des parents des générations précédentes, avec une priorité pour ses géniteurs. On sait que ce système a plutôt bien fonctionné pendant des milliers d'années, l'enfant acquérant de nouveaux droits et de nouveaux devoirs dès qu'il avait lui-même un rejeton. Et c'est bien ainsi qu'il fonctionne, nous l'avons vu, dans les groupes familiaux présentés par Marcel Pagnol.

En fait, il a des ratés, qui constituent l'origine même des drames : Marius refuse l'autorité parentale (mais Fanny, parvenue au fond de son désespoir, s'y soumet), Angèle et Patricia s'écartent un moment de la chaste conduite que la famille impose aux jeunes filles.

Mais quelle est alors la position de l'auteur sur ces comportements ? Il est bien difficile de le dire, car il est très évidemment partagé.

Je ne puis douter que, si Marcel Pagnol se trouve délibérément du côté de Marius, qui est celui du rêve, il ne peut être insensible à la révolte et au chagrin de César après le départ de son fils. S'il n'avait pas une conscience aiguë de ce déchirement, sa pièce ne nous toucherait pas.

De même pour Fanny, Angèle et Patricia, qu'il traite avec une infinie tendresse. Croit-on qu'il les condamne parce que le malheur les touche ? Pas du tout. Quand il nous montre des filles qui aliènent leur liberté pour avoir couché avec un homme qui n'était pas leur mari, il ne légifère pas : il fait un constat réaliste de la société populaire des années 1920-1930. Est-on bien sûr, d'ailleurs, que la situation des filles-mères soit très différente aujourd'hui ? Si tel était le cas, on ne verrait pas des milliers de gamines avorter chaque année parce qu'elles

■ L'affiche de *La Femme du boulanger* (1938).

considèrent la venue d'un enfant comme un véritable drame – plus économique que moral, il est vrai.

Pour le travail, il en va différemment. Ces gens qui appartiennent à un milieu fortement populaire, qui ont grandi dans la pauvreté et qui connaissent encore la gêne, ne peuvent ignorer que celui qui ne travaille pas s'efforcera, un jour ou l'autre, de vivre à leurs dépens, ce qu'ils considèrent fatalement comme une insulte à leur courage, à leur fatigue et à une certaine loi de nature (car les bêtes se donnent aussi du mal pour se nourrir).

Ils n'en parlent pourtant pas souvent. Et si, un matin de mauvaise humeur, ils reprochent à quelqu'un son manque d'ardeur à la besogne, ils ne peuvent s'empêcher de le faire sur le mode plaisant :

> La vérité, c'est que tu es mou et paresseux. Tu es tout le portrait de ton oncle Émile. Celui-là, il ne passait jamais au soleil parce que ça le fatiguait de traîner son ombre. (*Marius,* I, 3.)

Donc, traditionnelle aussi, la morale du travail. Certes, on peut discerner une trace d'ironie (non, plus qu'une trace : un dessin à gros traits) dans l'utilisation que fait Topaze des proverbes. Pourtant, s'il ne croit pas vraiment que « l'oisiveté est mère de tous les vices », Marcel Pagnol ne défend pas non plus les fainéants. Pour ne prendre qu'un seul exemple, ce qui rassure Césariot, quand il découvre son vrai père, après un ridicule et triste quiproquo, c'est d'apprendre que, loin d'être l'individu douteux qu'on lui avait décrit, Marius est un bon artisan, estimé par ses confrères et par ses clients.

Le travail nous conduit à ce qui constitue le fondement même et le but de toute morale : la gestion des relations entre les individus obligés de vivre ensemble.

Traditionnellement, et parce que la communauté villageoise ou de quartier n'est qu'une extension de la famille, la morale sociale applique les principes familiaux en les adaptant à quelques situations nouvelles,

■ Double page suivante : Pierre Larquey (Tamise) et Fernandel (Topaze), dans la troisième version de *Topaze* (1950). Pierre Larquey avait créé le rôle de Tamise à la scène, en 1928, et tourné dans la première version du film (1932).

comme l'introduction de la représentation politique
(conseil municipal), ou la délégation de pouvoir (spécialistes et techniciens), c'est-à-dire ce que nous consi-
dérons habituellement comme l'abc de la démocratie.

On observera, à ce sujet, la façon dont Marcel Pagnol
décrit deux comportements collectifs : celui de *La
Femme du boulanger* et celui de *Manon des sources*. Dans
le premier cas, malgré sa discrétion professionnelle, on
devine que la sympathie de l'auteur penche vers l'indulgence et l'oubli (plutôt que la rémission) des fautes, et
non vers la vengeance et la punition des pécheurs. Ici,
les vertus laïques s'opposent nettement aux forces cléri-
cales et obscurantistes. Dans le second, il est clair qu'il
choisit la justice contre l'iniquité, les faibles contre les
puissants, la lumière contre les secrets des familles.
Cette fois, la hache idéologique étant enterrée, l'instituteur et le curé s'unissent dans le même combat.

Il y a tout de même une pièce où Marcel Pagnol prend
plus nettement parti, et jusqu'à la satire sociale : c'est
Topaze. Dans l'affrontement qui oppose deux morales :
celle de l'enseignant intègre (héritier de Joseph Pagnol)
et celle du politicien véreux, ce n'est pas de gaieté de
cœur qu'il fait triompher la seconde. Il est clair qu'il
n'approuve pas le discours de Topaze à Tamise, même
s'il donne à ses propos justificateurs des accents plus
amers que cyniques. C'est sans plaisir que l'ancien professeur de collège a découvert que les hommes ne sont
pas tels qu'il l'a cru si longtemps. C'est sans triompha-
lisme qu'il en a pris son parti :

> Tu t'effares, mon pauvre Tamise, mais je vais te dire un
> secret : malgré les rêveurs, malgré les poètes et peut-
> être malgré mon cœur, j'ai appris la grande leçon :
> Tamise, les hommes ne sont pas bons. C'est la force qui
> gouverne le monde, et ces petits rectangles de papier
> bruissant, voilà la forme moderne de la force. (*Topaze*,
> IV, 4.)

Assez curieusement, ce discours prend aujourd'hui
des résonances douloureuses. Ce n'était pas fatal, car il y

a, dans cette collusion permanente, et peut-être iné-
vitable, entre la politique et les affaires, une alternance
de périodes de calme et de jours de colère. Mais il est
probable que si des comédiens avaient remonté *Topaze*
au début des années 1990, bien des esprits en auraient
été bouleversés.

À ce propos, la seule attitude misogyne que l'on puisse
attribuer à Marcel Pagnol s'applique à Suzy Courtois.
Et elle ne s'adresse pas aux femmes en général, mais
à celle-ci en particulier. Encore l'auteur lui accorde-t-il
une petite tirade populiste, destinée à expliquer, donc à
excuser, le choix qu'elle a fait d'une carrière de femme
entretenue :

> Que me reprochez-vous ? De n'avoir point de mari ?
> Mais si, à vingt ans, j'avais rencontré un homme riche
> prêt à m'épouser, je vous jure que je n'aurais pas dit
> non ! Mais j'étais pauvre. Qui étaient mes prétendants ?
> Le fils d'un maréchal-ferrant, un marchand de jour-
> naux et un contrôleur des tramways. Si j'avais accepté,
> que serais-je aujourd'hui ? Une femme vieillie avant
> l'âge, les dents jaunes et les mains détruites. Regardez
> ce que j'ai sauvé ! [...] Je me suis intéressée à vous parce
> que j'ai reconnu en vous la noble, la grandiose, l'émou-
> vante stupidité de mon père. Il avait un petit emploi,
> plus petit encore que n'était le vôtre. Il le remplissait,
> comme vous, avec une merveilleuse conscience... Il est
> mort pauvre. Pauvre... (*Topaze,* III, 2.)

Curieuse défense, d'ailleurs, que celle qui consiste à
dire qu'elle eût préféré se vendre à un époux (ce qui, en
effet, lui eût assuré une respectabilité indiscutable) plutôt qu'à un amant. Mais le choix de Suzy Courtois n'est
pas méprisable en soi, car chacun peut décider de sa vie
comme bon lui semble. Ce qu'on ne lui pardonne pas
volontiers, c'est d'avoir accepté comme protecteur cette
médiocre fripouille de Castel-Bénac, et de lui réclamer
ses honoraires avec une opiniâtreté de marchand de
tapis qui tranche désagréablement sur sa distinction
habituelle.

Doit-on s'attarder sur le patriotisme, ou plutôt sur son absence ? Certainement pas. Ces hommes et ces femmes du peuple n'ont pas l'amour de la patrie au sens cocardier du terme. Ils ne possèdent qu'une connaissance obscure et n'éprouvent qu'un attachement modéré pour les régions qui se situent au-delà de l'Estérel, du Rhône et de la Durance. Escartefigue exprime nettement leur position dès la première scène de *Marius* :

> Écoute, Marius : je suis fier d'être marin et capitaine, maître à bord après Dieu. Mais Madagascar, tu ne peux pas te figurer à quel point je m'en fous ! Question de patriotisme, je n'en dis pas de mal et je suis content que le drapeau français flotte sur ces populations lointaines, quoique, personnellement, ça ne me fasse pas la jambe plus belle. (*Marius*, I, 1.)

Marcel Pagnol a-t-il changé de morale, de *Topaze* à *Manon des sources* ? Sans doute : pourquoi, à soixante ans, verrait-on le monde de la même façon qu'à trente ? Mais je crois plutôt que c'est le monde qui a changé autour de lui. Entre 1930 et 1955, la France a connu un bouleversement social et *moral* plus important qu'au cours des cent années précédentes. La famille n'était plus la même, la tribu villageoise non plus. Quant aux villes, on sait bien que leur extension massive et les déplacements de populations ont rendu fort précaires les relations de voisinage. Il suffit de se promener une demi-heure sur le quai de Rive-Neuve pour comprendre que la vie des habitués du bar de la Marine appartient à un passé définitivement révolu.

Alors, la morale ? Peut-elle changer au gré des modes et des saisons ? Je crains que cette question n'ait pas de réponse immédiate et irréfutable, ce qui me donne envie d'en poser une autre : et si la morale était, comme la culture selon Gide, ce qui reste après que l'on a tout oublié ?

■ Le château de La Buzine, entre Saint-Menet et les Camoins, dans la banlieue de Marseille, ce « château de ma mère » dont Marcel Pagnol voulait faire une cité du cinéma et où Joseph Pagnol termina ses jours.

Entracte

Cette attitude hostile est commune à tous les auteurs,
l'expérience l'a prouvé. Il ne faut donc pas s'en froisser, et
ne répondre que par un sourire aux mots grossiers.
(Cinématurgie de Paris, p. 28.)

Il convient ici de marquer une pause, avant de passer de
la conception du monde, qui appartient à l'homme, à
la façon dont l'auteur la révèle à ses lecteurs ou à ses
spectateurs.

L'œuvre de Marcel Pagnol a suscité un certain nombre
de réserves, de sources différentes. Les auteurs dramatiques l'ont accusé d'avoir trahi la scène, qui avait pourtant assuré sa fortune et sa célébrité. Les critiques de
cinéma lui ont reproché de faire
du théâtre filmé. L'intelligentsia
parisienne, toutes profes-
sions confondues, ne

lui a pardonné ni sa société de production de films, ni ses studios du quartier du Prado, ni son patrimoine immobilier. Certains de ses compatriotes, enfin, contestent l'authenticité de ses souvenirs et désavouent l'image, pittoresque et bon enfant, qu'il a donnée de Marseille et des Marseillais, de la Provence et des Provençaux.

Cela fait beaucoup. Cela fait même trop pour qu'il n'y ait pas ici matière à quelque chicane.

Commençons par le dernier point, qui est celui que je connais le mieux.

Qui a demandé à Marcel Pagnol d'être un auteur réaliste ? Il ne s'est jamais pris pour Zola. Pagnol est un conteur, c'est-à-dire un inventeur d'histoires, un fabricant de rêves. Ses personnages, pour vraisemblables qu'ils paraissent, pour reconnaissables qu'ils soient, ne prétendent pas restituer une vision exacte, fidèle et méticuleuse d'un groupe social. Ils se moquent de l'ethnographie.

Marcel Pagnol n'a pas fondé ce mode de récit, bien au contraire : il s'inscrit là dans une longue tradition. Ses détracteurs reprocheraient-ils à Homère d'avoir donné une fausse image des Grecs ? à Virgile, des Romains ? à Rabelais, des Tourangeaux ? Que l'on ne vienne pas nous dire que l'auteur de *Marius* ne vaut pas celui de *Pantagruel*. D'abord, la question n'est pas là. Ensuite, qu'en savons-nous ? En 1532, personne n'aurait jamais cru que Rabelais allait devenir le plus grand écrivain (je ne suis pas le seul à le penser) de tout le domaine français.

Pour les bartavelles, on me l'a déjà dit : j'ai des parents à Aubagne, où l'on affirme que cet épisode est inventé de toutes pièces. Vous en souvenez-vous ?

> La bartavelle, c'est la perdrix royale, et plus royale que perdrix, car elle est énorme et rutilante. En réalité, c'est presque un coq de bruyère. Elle vit sur les hauteurs, dans les vallons rocheux – mais elle est aussi méfiante qu'un renard : la compagnie a toujours deux sentinelles, et il est très difficile de l'approcher. (*La Gloire de mon père*, p. 129.)

C'est sur ce superbe volatile que Joseph, chasseur pourtant débutant, réussit un double coup du roi, assurant ainsi durablement sa gloire. L'anecdote est-elle vraie ? Je n'en sais rien, je n'y étais pas. Mais il me paraît évident qu'elle appartient à la grande tradition des histoires de chasse, et pas seulement provençales : tous les tireurs de palombes landais, de faisans solognots et de canards de la baie de Somme en ont d'aussi superbes dans leur carnier, qu'ils échangent comme le pain et le sel pendant les longues soirées d'automne et d'hiver. Ce qu'on demande à ces récits fabuleux, ce n'est pas d'être véridiques, mais bien racontés. Mais je reviendrai là-dessus, qui m'importe.

En relation avec cette fausse image de la Provence, on a également reproché à Marcel Pagnol d'avoir trahi les œuvres de Giono qu'il a portées à l'écran. Dans le simple

■ Pendant le tournage des *Lettres de mon moulin* (1953-1954), dans les bâtiments délabrés du prieuré de Ganagobie, au-dessus de Manosque. Au centre : Jacqueline Pagnol, Marcel Pagnol et Jean Giono, venu en voisin. Marcel Pagnol avait tourné quatre films d'après des œuvres de Jean Giono, dont *Angèle*, *Regain* et *La Femme du boulanger*.

■ Les Studios Marcel-Pagnol à la disposition d'autres équipes : les Productions Rivers tournent rue Jean-Mermoz, à Marseille.

désir de les « mettre au goût du jour », il les aurait transformées en des mélos assez médiocres. L'accusation paraît ici plus grave, et le cinéaste plus difficile à défendre, ne serait-ce que parce que l'appréciation que l'on porte sur la qualité d'une adaptation cinématographique est forcément empreinte de subjectivité. Or, il se trouve que je ne la partage pas du tout.

D'abord, Marcel Pagnol n'avait guère besoin de *mettre au goût du jour* des œuvres dont le succès public était alors considérable. Ensuite, comme de nombreux admirateurs de Jean Giono, je pense qu'*Angèle*, *La Femme du boulanger* et *Regain* (pour ne rien dire de *Jofroi*) sont tirés de la partie la plus médiocre, en tout cas la plus racoleuse, de son œuvre, celle où le style Contadour poisse comme de la gelée de coing. Nous sommes loin d'*Angelo*, des *Deux Cavaliers*, du *Hussard* – mais aussi de *Que ma joie demeure* : Panturle n'est pas Bobi, il s'en faut. J'ai récemment relu *Regain* (qui avait charmé mon adolescence) avec une stupéfaction navrée. Par ailleurs, ni *Un de Baumugnes* ni *Jofroi* en version originale ne donnent une image très sympathique des paysans bas-alpins. Bien plus : les détracteurs de Pagnol feraient bien, avant de prendre définitivement parti dans cette querelle, de revoir *Crésus*, que Jean Giono a tourné en 1960. En effet, au moment de réaliser un film en toute liberté, délivré des considérations commerciales de son concurrent, que fait Giono ? 1. Il engage Fernandel pour interpréter le rôle principal. 2. Il trace un portrait féroce (et caricatural) des habitants de Lure, qu'il dépeint comme avares, jaloux, violents et bornés. Qui a donc exécuté la Provence et son aède, cette fois ? Personne, pas même le producteur, puisque le générique mentionne, à cette place, *Les Films Jean-Giono*.

Troisième reproche : le cinéaste n'aurait pas seulement « trahi » Giono, mais la littérature tout entière, en abandonnant le théâtre qui, à moins de trente-cinq ans, avait assuré sa gloire et sa fortune, pour le cinéma. D'autres que moi, qui ne suis pas un spécialiste des images animées, ont déjà fait litière de cette accusation. Qu'on me permette tout de même d'observer qu'il est curieux que des auteurs dramatiques aient blâmé Marcel Pagnol de leur ouvrir la voie du cinéma *parlant*. (Un grand nombre d'entre eux s'y sont d'ailleurs alertement engouffrés.)

Plus grave encore : l'homme d'affaires aurait supplanté l'écrivain, voire le cinéaste. Ainsi, Roger Boussinot qui, dans sa belle *Encyclopédie du cinéma*, n'a pas de termes assez durs pour qualifier les films de Marcel Pagnol, ce qui est son droit, trouve également bon d'achever sa notice sur ces mots, qui font écho à une critique courante :

> Pour le meilleur profit personnel de cette œuvre, l'auteur avait fondé, en 1934, sa propre maison de production, Les Films Marcel-Pagnol, alliée à Gaumont pour la distribution. (*L'Encyclopédie du cinéma*, Bordas, 1989.)

On sait que ce n'est pas seulement pour une raison d'argent que Marcel Pagnol est devenu producteur, mais parce qu'il avait été ulcéré par la façon dont la Para-

■ Tournage de
Marius aux studios
de Joinville, en
1931. Au premier
plan, Jacob Karol.
À sa gauche,
Alexandre Korda et
Marcel Pagnol.
Ce film poussera
Marcel Pagnol à
tourner lui-même
les suivants.

mount l'avait traité pendant le tournage de *Topaze*. (Il
s'était mieux entendu avec Alexandre Korda pour
Marius.) Mais supposons que ce reproche soit légitime.

Dans ce cas, pourquoi Roger Boussinot n'adresse-t-il
pas le même à Charles Chaplin, homme d'affaires également fort avisé, et qui, *pour les mêmes raisons*, a fondé
en 1919, avec Mary Pickford, Douglas Fairbanks et
David W. Griffith, *et l'appui financier de Dupont de
Nemours!* la société *United Artists*?

L'ancien directeur de *L'Écran français* aurait été sans
doute mieux inspiré en observant que, dans ce domaine,
Marcel Pagnol se montrait, tout comme Chaplin, un pré-
curseur: depuis la fin des années cinquante, bien des
cinéastes français que Boussinot ne méprise pas tous,
considérant que leur indépendance était à ce prix, sont
également devenus leurs propres producteurs.

Il nous faut enfin revenir ici sur le sujet du chapitre précédent, car on reproche aussi à Marcel Pagnol de présenter (donc de soutenir) une morale réactionnaire, notamment en ce qui concerne les femmes et les enfants. J'ai déjà dit, et j'en ai donné les raisons, que je trouve cette querelle sans objet, et je ne la reprendrai pas sur le fond. Mais j'aimerais lui apporter la contradiction sur un point précis, celui de *La Femme du boulanger*.

On a dit (on *m'a* dit) que cette pauvre Aurélie, si mal mariée, avait bien le droit, après tout, de s'offrir un amant plus jeune et plus beau que son pauvre tire-pâte d'époux légitime.

Vraiment ? Mais alors, pourquoi l'a-t-elle épousé ? Car enfin, le jour des noces, ce n'était pas une petite fille terrifiée vendue par ses parents pour un sac de farine, bien au contraire. Elle s'est proposée en toute liberté au premier brave homme venu capable de lui assurer une position sociale honorable et une vie matérielle confortable (pour le temps et le lieu). Qu'avait-elle fait jusque-là ? Nous le savons : elle avait eu un amant, et cet amant était mort, ce qui est naturellement fort triste. Mais enfin, en épousant Aimable, elle a tout simplement choisi la sécurité. On peut même se demander si le caractère, facile à pénétrer, de son futur mari n'a pas constitué un facteur déterminant de sa décision : bon bougre, pas très porté sur la bagatelle et confiant jusqu'à l'aveuglement, voilà celui à qui Aurélie a donné sa foi.

Or, elle a vite triché, puisque nous savons que, tous les matins, pendant que son mari se rôtissait la figure devant la dernière fournée, elle partait retrouver un galant (mais lequel ? Et pourquoi n'est-ce pas celui-là qu'elle a épousé ? Autrement dit : était-ce toujours le même ?), en feignant d'aller assister à la première messe.

À ce propos, qui peut imaginer que le boulanger puisse être dupe de cette ferveur quotidienne ? Quand il dit : « Elle se mettait dans un petit coin, derrière un pilier – et elle se cachait si modestement que personne ne l'a jamais vue… » il révèle plus d'ironie désespérée que de naïveté. Aimable n'est pas un mari aveugle ni complaisant, mais résigné, meurtri. L'amour qu'il porte à sa femme le conduit à tout accepter d'elle, *pourvu qu'elle revienne.*

S'il prend si fortement au tragique sa fuite avec Dominique, c'est qu'il redoute, cette fois, qu'elle ne revienne plus. Et il n'a pas tort d'avoir peur. Car, si le berger eût montré plus de caractère, s'il n'eût pas abandonné Aurélie au milieu du marécage, fuyant devant le spectacle risible d'un curé à califourchon sur un maître d'école, elle l'eût suivi beaucoup plus loin, beaucoup plus longtemps.

Et c'est cela, que le spectateur apprend au cours du premier tiers du film, qui en rend la fin tout à la fois déchirante et invraisemblable. La scène du repentir d'Aurélie est écrite comme si la jeune femme, prise d'une folie subite, possédée par un démon maléfique, venait de commettre un acte inattendu et tout à fait étranger à sa nature. Or, comme nous savons bien que non, il nous est difficile de ne pas penser que le pain rassit vite, et qu'elle tombera sans vergogne dans les bras du prochain berger, ou du facteur, ou du fontainier – ou peut-être de ce charmant instituteur qui a enfilé ses grandes et belles bottes pour venir la chercher au milieu des marais.

Car on aurait tort de réduire le discours d'Aimable à Pomponnette, juste avant le mot « fin », à une simple astuce mélodramatique, seulement destinée à faire pleurer Margot : la chatte noire est un véritable double de la boulangère :

> – Dis, est-ce que tu repartiras encore ? lui demande-t-il.
> – Elle ne repartira plus, répond sa femme à la place de l'autre.

Mais si : il est dans la nature des chattes, et de certaines femmes (de certains hommes aussi), de partir et de revenir, d'être un jour attirées par la fièvre de l'aventure, et le lendemain par la douceur tiède du foyer.

Je n'en ai pas fini avec cette boulangère qui me tient à cœur. (On peut en tirer les conclusions que l'on voudra.) En supposant que ce reproche de « misogynie réactionnaire » soit fondé, pourquoi les détracteurs de Marcel Pagnol ne l'adressent-ils pas aussi à Jean Giono, qui est l'auteur de l'histoire originale, et dont la nouvelle n'est pas plus indulgente pour Aurélie ?

Parmi les instituteurs de ma famille, on dit volontiers que, quand deux enfants se disputent une gomme, ce n'est pas pour la gomme qu'ils se disputent. Entre Marcel Pagnol et ses accusateurs, il serait peut-être instructif de chercher la gomme.

■ Pendant le tournage de *La Femme du boulanger* : Marcel Pagnol, Charles Moulin et Raimu, en conversation de travail. Charles Moulin n'a pas fait une grande carrière après ce film, et c'est sans doute dommage.

LE CONTEUR

Et là, ces deux êtres nous racontèrent leur vie, aussi charmante, aussi incroyable, aussi pathétique que le mieux fait des romans-feuilletons.

(Manon des sources, p. 850.)

On ne peut pas comprendre tout à fait l'œuvre de Marcel Pagnol si l'on ne se pénètre pas de l'idée que c'est, avant tout, un merveilleux *conteur*.

« Avant tout », cela signifie qu'il place la parole au premier plan de ses préoccupations. Il s'agit là d'une banalité si l'on considère que, sur ses vingt-cinq ouvrages de fiction, dix-huit sont des œuvres dramatiques. Mais, en lisant de près les sept autres, de *Pirouettes* au *Temps des amours,* on découvre beaucoup plus le son d'une voix que les arabesques d'une plume.

Les écrivains de la parole sont des gens qui écoutent beaucoup les autres, même quand ils sont eux-mêmes bavards. On peut donc s'attendre à retrouver dans leurs œuvres un certain nombre de phrases qu'ils ont entendues et qui les ont frappés. Quand ce sont de grands écrivains, ils les assimilent si bien que l'on ne saurait distinguer ce qu'ils ont cueilli autour d'eux et ce qu'ils ont tiré de leur imaginaire. Tels sont Céline et Audiberti ou, dans une moindre mesure, Queneau et Marcel Aymé.

Quant à Pagnol, il m'a parfois semblé, devant ses plus heureuses trouvailles, surprendre un écho de phrases entendues dans les rues de Marseille ou sur quelque place de village.

Ainsi, quand l'oncle Jules déclare, sur un ton péremptoire : « Il ne pleuvra pas », Lili des Bellons observe, en clignant de l'œil vers son ami Marcel :

■ Dans les collines de La Gaude, au-dessus de Cagnes-sur-Mer.

> S'il fallait qu'il boive tout ce qui va tomber, il pisserait jusqu'à la Noël. (*Le Château de ma mère*, p. 35.)

Cette superbe réplique me paraît relever beaucoup plus de la malice populaire que de l'humour roublard d'un écrivain boulevardier.

De même, au cours de la fameuse partie de cartes, ce bel échange :

> PANISSE. – Toi, tu es perdu. Les injures de ton agonie ne peuvent pas toucher ton vainqueur.
>
> CÉSAR. – Tu es beau. Tu ressembles à la statue de Victor Gelu. (*Marius*, III, 1, 1.)

Ou encore, cet extrait de la lettre de César à Marius qui, sur son voilier, est parti au bout de l'horizon :

> Et si quelqu'un, à bord, avait la peste, ne lui parle que de loin et ne le fréquente plus, même si c'était ton meilleur ami. L'amitié est une chose admirable, mais la peste, c'est la fin du monde. (*Fanny*, I, 1, 14.)

Le défaut d'un tel écrivain, ou plutôt : ce que la critique lui reproche avec le plus d'aigreur, c'est que, étant un homme de public et non de cabinet, ayant le goût et le souci de réjouir ceux qui lui font l'honneur de l'écouter, il manque rarement l'occasion de faire un mot. Parfois, il réussit :

> PANISSE (*au chauffeur qui, le prenant pour un touriste étranger, vient de lui envoyer une orange pourrie*). – À l'avenir, quand tu verras un Américain, fais bien attention que ce ne soit pas moi. (*Fanny*, I, 2, 4.)

Ou, en plus agreste (l'eau a disparu du village au moment où la femme de Cabridan s'apprête à accoucher) :

> CABRIDAN. – Remarquez que si l'eau revient, Philoxène doit me téléphoner au bureau de tabac... Et nous remontons tout de suite...
>
> LA FEMME. – Et même avec plaisir... Je voudrais bien que le petit naisse ici... Mais, qu'est-ce que vous voulez, un enfant, c'est pas un pois chiche : ça peut pas se faire au sec ! (*Manon des sources*, quatrième séquence..)

Parfois, il rate son coup. Personnellement, je n'ai jamais beaucoup apprécié les proverbes, du genre :

> L'honneur, c'est comme les allumettes, ça ne sert qu'une fois. (*Marius*, IV, 5.)

Mais un conteur n'est pas seulement un auteur qui privilégie la parole. C'est aussi quelqu'un pour qui le plaisir et la nécessité de raconter des histoires l'emportent sur toute autre considération, et notamment sur celle qui place l'authenticité au premier rang des devoirs de l'écrivain. Marcel Pagnol n'est pas, ne se veut pas, un rapporteur, un révélateur, un « témoin de son temps ». Les seules choses dont il souhaite « témoigner », mais mieux vaudrait dire : *qu'il souhaite faire partager*, ce sont ses passions, ses surprises, ses rêves, ses émerveillements.

L'ennui, c'est qu'il lui arrive de rêver à ras de terre, de s'émerveiller du banal, de se passionner pour le quotidien, si bien qu'il passe, le plus souvent, pour un écrivain réaliste. Il va même plus loin : il donne pour titre général à trois délicieux volumes (rappelons que le quatrième est posthume) : « Souvenirs d'enfance ». Et, comme il traite de la même façon les sujets totalement imaginaires et ceux qui se présentent comme des reflets de la réalité, le lecteur de bonne foi et le critique acerbe se sentent alors fondés à lui réclamer des comptes.

Mais un raconteur d'histoires dépose-t-il devant un tribunal ? Allez-vous lui demander de lever la main, de cracher par terre et de dire : « Je le jure » ?

Pourquoi pas ? Mais alors, il vous faudra vérifier *Les Confessions*, expertiser *Les Mémoires d'outre-tombe*, chercher l'erreur dans *Henry Brulard*, l'approximation dans le *Journal* des Goncourt. Vous découvrirez peut-être avec horreur que le tilleul de la tante Léonie n'était que du millepertuis. Bien mieux : que l'on me laisse ici prendre un exemple qui m'est cher.

Quand Jules Vallès raconte « son » histoire de la Commune de Paris, dans *L'Insurgé*, il le fait à la première personne, mais donne à son héros le nom de Jacques Ving-

tras, qui n'est pas le sien mais porte ses initiales. Il annonce ainsi, le plus honnêtement du monde, que son récit restituera la réalité historique à travers une forme *romanesque,* et que la vraie vérité de Vallès se trouve là, dans ces pages touffues, sensibles, injustes, malicieuses et bouleversantes, beaucoup plus que sur les barricades, où il s'est cependant battu pour de bon.

Le registre de Marcel Pagnol, pour être moins dramatique, n'en relève pas moins de la même démarche *littéraire.* Ce que l'on attend de l'un comme de l'autre n'est pas tant du domaine de l'Histoire, qui ne manque pas de spécialistes, mais de l'émotion, de l'évocation, de l'imaginaire. De tout ce qui appartient au « mentir vrai », selon la jolie formule d'Aragon – lequel ne s'est pas fait faute de l'exploiter sans état d'âme.

D'ailleurs, tout comme ceux de Jules Vallès, les lecteurs de Marcel Pagnol ne devraient pas s'y tromper, car il leur donne des clés tout à fait apparentes. En voici deux qui me paraissent significatives.

La première se trouve dans *Le Temps des secrets.* Rappelons brièvement l'épisode.

Dans la colline, Marcel et son ami Lili découvrent, au pied d'une barre rocheuse sur laquelle ils se promènent, un énorme serpent momentanément inoffensif parce qu'il est en train d'avaler un lièvre. Ils parviennent à faire tomber sur lui une très grosse pierre qui lui écrase la tête. Ils reviennent en triomphe au village, où le curé les photographie pour conserver le souvenir de cette glorieuse aventure.

C'est alors que Marcel décide d'écrire à son amie Isabelle pour lui raconter l'histoire, et voici comment :

Cette lettre contiendrait le récit de la grandiose aventure, récit convenablement arrangé. Il me sembla qu'il faudrait – dans l'intérêt de tout le monde – ne rien dire de l'éboulement meurtrier. Il était préférable d'avoir tué le monstre en lui lançant, d'une main sûre, une pierre tranchante, au moment même où sa tête énorme se balançait dans les airs, prête à fondre sur moi. D'autre part, il ne serait peut-être pas nécessaire de parler de

Lili et de lui donner une part de gloire dont il ne se souciait guère, et qui serait ainsi gaspillée.

Cette version serait également à l'usage des tantes, des cousines, et même de mes futurs camarades du lycée, car l'irrécusable photographie en assurerait la crédibilité. (*Le Temps des secrets*, p. 181.)

Il est clair que cette « version » est également à l'usage des lecteurs de ses souvenirs. Pour moi, il n'y a pas à s'y tromper, Marcel Pagnol leur confie malicieusement ici un autre de ses « secrets » : sa façon personnelle de raconter les histoires. On pourrait d'ailleurs observer qu'il s'agit là d'un procédé non seulement honorable,

1 9 5 5

Il vient d'avoir soixante ans, et il en paraît quarante, à peine. Il est de taille moyenne, assez fort, rayonnant de santé, la vraie, celle qui ne doit rien au sport. Il lui arrive de revêtir son habit vert et de prendre son bicorne, le jeudi, mais le plus souvent il n'a même pas de cravate et porte un tricot de marin ou de joueur de boules. Ce qui frappe le plus en lui, ce n'est pas la voix, merveilleuse mais trop facile à imiter, c'est le regard. Il est double : un œil brille toujours malicieusement, l'autre est plutôt triste, mais c'est celui qui brille qui est timide, tandis que celui qui est triste a un éclat très ferme. Un régal. En somme, il n'a pas du tout l'air d'un Parisien. On dirait un sénateur romain qui aurait lu Dickens. Il n'a plus rien du petit lycéen fluet, entreprenant, fou d'audace, qui fondait à Marseille, il y a plus de quarante ans, la revue *Fortunio*. Ni du jeune auteur dévoré d'anxiété, quinze ans plus tard, qui sait qu'il va jouer son va-tout avec une pièce qu'il croit bonne, qui s'appelait *La Belle et la Bête,* mais qu'il vient de débaptiser pour l'intituler, en pensant que les plus grandes pièces de Molière portaient le nom de leur personnage principal, *Topaze*.
Il n'a d'ailleurs plus besoin de référence ni de patronage : ni celui de Musset ni celui de Molière. Il porte un nom qui, grâce au cinéma, est aujourd'hui connu d'un plus grand nombre de ses concitoyens que ne l'a jamais été aucun écrivain de son pays. Il s'appelle Marcel Pagnol.

Bernard de Fallois, postface au *Temps des amours.*

mais presque sophistiqué, puisqu'il relève de ces « mises en abyme » chères aux critiques du début des années soixante.

La deuxième clé se trouve dans *Le Château de ma mère*. La voici :

> On nous installa ensuite devant le feu, et je racontai notre odyssée. Le point culminant fut l'attaque du grand-duc, que je ne pouvais évidemment pas laisser immobile contre le rocher : il s'élança donc sur nous, les yeux en feu, les serres en avant, et tournoya autour de nos têtes. Tandis que je battais des ailes, Lili poussait les cris aigus du monstre [...]. Notre succès fut si complet que j'eus peur moi-même, et que bien souvent dans mes rêves – même quelques années plus tard – cette bête agressive est revenue me crever les yeux. (*Le Château de ma mère*, p. 50.)

Ici, non seulement l'auteur révèle son procédé, mais en montre toute la valeur : *il croit lui-même à la version qu'il donne de son histoire.* Et qu'on n'aille pas penser qu'il en est dupe : il en est simplement le premier auditeur. D'ailleurs, n'hésitons pas à le répéter, il ne s'agit pas de tromper qui que ce soit, mais d'enrichir des faits dont l'authenticité n'intéresse personne, afin de leur donner une valeur proprement *artistique*.

Un dernier exemple me paraît décisif. C'est le rapport qui existe entre *Pirouettes,* ce délicieux roman de jeunesse, sa suite, *La Petite Fille aux yeux sombres,* et les « Souvenirs d'enfance ». Dans la postface qu'il a écrite pour *Le Temps des secrets,* Bernard de Fallois révèle que l'histoire des amours manquées de Lagneau, qui en constitue le chapitre X, était rédigée depuis 1919, et devait prendre place, à l'origine, dans la saga du lycée Thiers – dont le premier volume, publié en 1932 chez Fasquelle, porte le sous-titre de *roman*.

Nous pouvons tirer de la malheureuse aventure de Lagneau deux conclusions qui se complètent.

L'une, c'est la confirmation de la façon dont le conteur fonctionne : que la matière de ses récits vienne de ses

■ Le serpent mythique, vu par Albert Dubout pour *Le Temps des secrets.* Marseillais comme Marcel Pagnol, Dubout a également réalisé de nombreuses affiches pour ses films.

souvenirs ou de son imagination ne lui importe guère. Il est même possible qu'il lui arrive de les confondre, qu'il croie avoir vécu ce qu'il a inventé, inventé ce qu'il a vécu.

L'autre, c'est la légèreté d'une certaine critique. Car les amours de Louis-Irénée Peluque (*Pirouettes*) et celles de Lagneau sont tirées de la même argile, contées avec le même accent, écrites avec la même plume. Mais on ne reproche pas au « roman » de n'être pas entièrement imaginaire, alors que l'on reproche aux « souvenirs » de n'être pas tout à fait authentiques.

Cela vient sans doute du caractère sacré que nos contemporains donnent à la réalité (à ce qu'ils prennent pour la réalité). « Et le plus fort, c'est que c'est vrai » reste encore, pour beaucoup de lecteurs, un critère de qualité.

Pourquoi pas ? Mais alors, ils seraient bien avisés de s'en tenir à leurs journaux quotidiens et de ne pas s'adresser aux poètes, lesquels « mentent vrai » en toute sincérité, sans même y prendre garde, comme le fait la vigne : vous attendez d'elle une grappe de raisin et c'est un verre de vin qu'elle vous offre, juste au temps des secrets.

TECHNIQUES D'ÉCRITURE

... Là où ça sera trop profond, laisse un peu mesurer les autres. Souligne les autres. Bien épais.

(Fanny, I, 1, 14.)

Le bonheur de conter ne se double pas toujours du bonheur d'écrire. C'est que l'on n'écrit pas comme sifflent les merles, sans avoir appris. Au fond, le bonheur est une technique, et pas des plus faciles à apprivoiser. Il y faut de la grâce, laquelle ne s'acquiert pas, et du travail. Mais peut-être les merles travaillent-ils aussi avant de se lancer dans leurs grandes homélies estivales.

■ Orane Demazis (Arsule) et Fernandel (Gédémus le rémouleur) arpentant les collines d'Aubignane, dans *Regain* (1937). C'est ce film qui a révélé le grand talent de Fernandel.

Ce qu'il y a de certain, c'est que l'apprentissage de Marcel Pagnol s'est fait assez rapidement. Après les sages premiers vers, *Le Livre de la nature,* composé à quatorze ans, puis des poèmes variés publiés par la revue *Massilia,* et l'essai avorté d'un drame patriotique, voici que l'écrivain débutant jette rapidement sur du papier à épreuves un feuilleton destiné à combler les vides de la jeune revue *Fortunio. C'est Le Mariage de Peluque,* qui deviendra plus tard *Pirouettes,* et qui surprend encore aujourd'hui par sa fraîcheur, sa maîtrise et sa gaieté.

Mais on aurait tort de s'en tenir là.

Se fiant naïvement à leur titre, on n'a pas assez remarqué que les « Souvenirs » sont composés comme de véritables *romans.* Qu'il les ait inventés ou non, Marcel Pagnol en a choisi et agencé les épisodes en fonction de leur valeur dramatique, a savamment dosé le comique et l'émouvant, le ridicule et le grandiose.

C'est ce travail de l'écrivain, toujours soumis aux mêmes exigences quel que soit le genre adopté, qui fait la grande unité de son œuvre, pourtant si diverse. On y trouve toujours une part de réminiscences et une part d'invention. (Parfois, non sans malice : un des surveillants du lycée Thiers s'appelait Piquoiseau [*Le Temps des secrets,* p. 234], nom donné plus tard à ce vagabond épris de grands horizons qui devient le mauvais génie de Marius.)

Un des exemples les plus significatifs de cette élaboration est le concours de boules, qui constitue le chapitre IV du *Temps des amours.* Joseph, l'oncle Jules et « Mond des Parpaillouns », le braconnier, doivent affronter la redoutable triplette de Pessuguet, le facteur d'Allauch, qui frappe cinq boules sur six. Or, non seulement la valeureuse équipe arrive jusqu'en finale, mais elle triomphe de Pessuguet, par 15 à 12, sur un carreau royal de Joseph[1].

On se dit, bien entendu, que c'est trop beau pour être vrai ! Et que Joseph a dû perdre plus de parties et de concours qu'il n'en a gagné ! Certes. Mais pourquoi Marcel Pagnol se priverait-il du plaisir de nous raconter sa

---

1. Tiens ! c'est la réplique du « coup du roi » sur les bartavelles…

plus glorieuse bataille ? Et de nous la raconter, après plus d'un demi-siècle, avec des détails fatalement imaginaires, dont le but n'est pas de tromper le lecteur, mais de mettre l'histoire en situation, de lui donner un décor, des protagonistes et des figurants, d'en accentuer le suspense et d'en préparer la chute ?

On voit que l'auteur ne se comporte pas ici comme un mémorialiste, mais comme un romancier. Et c'est comme un romancier qu'il convient de le lire et de le juger.

Le vrai conteur ne raconte pas ses histoires en vrac. Il est attentif à la progression de son récit, à ses ruptures, à sa conclusion. Et, quand il abandonne le porte-voix pour le porte-plume, il ne modifie pas sa technique.

Une des plus répandues est celle de la digression. De Homère à Marcel Aymé, en passant par Dante, Rabelais, Sterne et Diderot, ce procédé a été maintes fois illustré, avec le plus grand bonheur. Il est donc intéressant de le retrouver chez Marcel Pagnol, dès ses premiers textes.

C'est ainsi qu'il compose *Le Mariage de Peluque*. Il est vrai qu'il l'écrit, nous venons de le voir, comme un feuilleton, par livraisons successives, ce qui ne favorise ni une trame serrée, ni une implacable montée dramatique. Mais enfin, il est plein de descriptions, de portraits, de retours en arrière qui rompent allégrement le récit en lui donnant l'allure d'une promenade autour de la Plaine Saint-Michel. Et que l'on n'aille pas croire qu'il s'agit là seulement d'une adroite façon de tirer à la ligne (ce qui n'est pas impossible non plus) : ce procédé respecte avant tout les lois du genre.

Passant au théâtre, le jeune écrivain se plie d'abord à une rigueur plus dramatique : pas de digressions dans *Jazz,* où les apparitions du jeune Blaise constituent une seconde intrigue, qui accompagne la principale et la rejoindra à la fin pour donner sa conclusion à la pièce. Pas de digressions non plus dans *Topaze,* où tout ce qui pourrait paraître ornemental (comme la leçon de morale du premier acte, ou la visite du maître chanteur) est en réalité nécessaire au développement de l'action.

Tout change avec *Marius.* Quand Marcel Pagnol entreprend ce qui deviendra (mais il ne le sait sans doute pas) son œuvre provençale, il retrouve, avec une jubilation qui passe la rampe, le plaisir et la liberté du conteur.

Je me suis amusé à relever les digressions dans cette pièce, c'est-à-dire ce que l'on pourrait supprimer sans nuire à la stricte compréhension de l'histoire. J'en ai trouvé dix, sans compter les simples échanges de répliques. La plus célèbre est, naturellement, la partie de cartes du troisième acte, qui dure une bonne demi-heure et qui sert si peu l'action que Marcel Pagnol avait décidé de la supprimer quelques jours avant la première, comme il le raconte dans ses *Confidences* :

> D'abord, parce que la pièce était trop longue : il fallait faire des coupures ; d'autre part, cette partie de cartes n'était qu'un « sketch », qui eût été à sa place sur la scène de l'Alcazar de Marseille, mais qui me paraissait vulgaire, et peu digne du théâtre qui avait été celui de Réjane. (*Confidences,* p. 183-184.)

Mais les comédiens l'ont répétée sans le prévenir, pour lui en faire la surprise (ou éviter son refus : allez savoir ?). Ce n'est pas étonnant : ce « hors d'œuvre » est un merveilleux morceau de bravoure, qui offre à de grands acteurs un rare moment de bonheur.

Il convient tout de même de noter que les digressions de *Marius* n'ont pas qu'un rôle décoratif et divertissant. D'une part, elles accentuent le réalisme de la pièce : comment mieux restituer l'atmosphère d'un bar du Vieux-Port qu'en le remplissant de saynètes pittoresques et de répliques à bâtons rompus ? D'autre part, elles contribuent à la peinture des personnages, en précisant leurs caractères, certains détails de leur biographie et les rapports qu'ils entretiennent entre eux.

La technique de la digression réclame une certaine harmonie de la construction, qui permet à l'auditeur, ou au lecteur, de s'y retrouver.

La construction de la trilogie n'était certainement pas préméditée. Marcel Pagnol raconte, dans *Cinématurgie de Paris* cette fois, comment c'est le succès de *Marius* et de *Fanny*, dans leur version filmée, qui l'a décidé à écrire la fin de l'histoire.

Il n'en reste pas moins que *César* achève heureusement le triptyque. D'une part, il équilibre savamment les deux premiers volets, puisque :

Marius est une comédie qui finit mal ;

Fanny est un drame ;

César est une tragédie qui finit bien.

D'autre part, Marcel Pagnol introduit, dans la dernière partie, tout un jeu d'échos et de références – ce que Raymond Queneau appelait, à propos de ses propres romans, des « rimes intérieures ».

Ainsi, comme je l'ai déjà observé, Césariot, dont la naissance a consacré la séparation de ses parents, est l'artisan de leurs retrouvailles.

Ainsi, le rôle du père se déplace de César à Panisse, le second prenant la place de l'autre.

■ La partie de cartes à trois « avec un mort », après la disparition de Panisse, dans *César*. C'est la première fois, observe César, qu'ils ne trichent pas…

Ainsi, le père nourricier de Césariot vend des voiles et son père naturel répare des moteurs de bateaux.

Ainsi, c'est au cours d'une mélancolique partie de cartes que les amis de Panisse découvrent :

> Cette fois-ci, il est bien mort. Je ne l'avais pas encore compris. (*César*, p. 69.)

Enfin, je vois plus qu'un simple clin d'œil dans ces deux fois deux échanges de répliques. L'un :

> CÉSAR (*à Honorine, à propos de Marius*). – Vous pouvez chercher sur tout le port de Marseille. Vous en trouverez peut-être des plus grands et des plus gros, mais des plus beaux, il n'y en a pas ! Il n'y en a pas ! (*Marius*, II, 3.)

et :

> PANISSE (*à Marius, à propos de Césariot [bébé]*). – Tu peux chercher dans toute la ville de Marseille, tu en trouveras des plus gras et des plus gros, mais des plus beaux, il n'y en a pas ! Non, il n'y en a pas ! (*Fanny*, III, 9.)

(La fierté paternelle a grandi, en vingt ans : Marius était le plus beau de tout le port, son fils le plus beau de toute la ville...)

L'autre :

> MARIUS. – Toi, qu'est-ce que tu voudrais que je fasse ?
> CÉSAR. – Je voudrais que tu ne manques pas ton train.
> (*Fanny*, III, 15.)

et :

> CÉSARIOT. – À ton avis, que faut-il que je fasse ?
> CÉSAR. – J'aimerais que tu ne manques pas ton train.
> (*César*, première version.)

La verve ne va pas sans risques. Il arrive à Marcel Pagnol d'enfermer ses personnages dans des invraisemblances ou des contradictions, surtout quand la situation dramatique est complexe. Le miracle, c'est que le talent du conteur emporte tout, empêche l'auditeur (ou le lecteur) de se poser la moindre question. Ce n'est pas là un phénomène particulier : on le trouve chez Homère (est-il concevable que les Troyens aient introduit le cheval des Grecs dans leur cité sans s'apercevoir un seul instant qu'il était plein de soldats?), mais aussi chez Hugo, chez Dumas, chez Maurice Leblanc.

Pour s'en tenir à la trilogie, deux ou trois choses peuvent surprendre.

Ainsi, Marius dit à Fanny qu'il rêve de naviguer depuis son adolescence :

> Il y a longtemps que cette envie m'a pris... C'était avant que tu reviennes d'Algérie... (*Marius,* II, 6.)

Comme elle est revenue « quand elle avait treize ans » (*Marius,* I, 3) et qu'ils ont cinq ans d'écart, il en avait donc moins de dix-huit. Mais alors, *pourquoi ce garçon passionné de navigation n'a-t-il pas fait son service militaire dans la marine ?* Les jeunes Marseillais étaient assez nombreux à le faire : il leur suffisait de s'engager. Or, nous savons que ce service militaire, il l'a effectivement fait (il n'a pas été réformé) :

> Quand tu es parti soldat, je comptais les jours, et c'est pour te plaire que j'ai appris à coudre, pour qu'à chaque permission tu me voies dans une robe nouvelle... (*Marius,* II, 6.)

Marcel Pagnol a dû finir par se rendre compte de cette invraisemblance puisque, dans *César,* quand on reproche à Marius d'avoir fait de la prison, ce dernier précise :

> ... à la prison maritime ! C'était quand j'étais aux équipages de la flotte. En rentrant d'une bordée, un dimanche soir, nous avions bousculé un premier maître... (*César,* p. 187.)

On voit que, dans la nouvelle version, Marius a bien fait son service dans la marine, mais *après* avoir quitté sa famille et Marseille. Fanny avait déjà épousé Panisse et mis au monde Césariot. Quant à lui, il avait donc environ vingt-cinq ans, ce qui n'est pas plus vraisemblable, car, dans les années trente, seuls les étudiants régulièrement inscrits dans une faculté bénéficiaient d'un sursis.

L'épisode de la ceinture m'a toujours paru bizarre, lui aussi. On se rappelle qu'Honorine, rentrant chez elle au petit matin, c'est-à-dire beaucoup plus tôt que prévu, découvre la ceinture de Marius, où ça ? *sur la table de la cuisine*, ce qui lui permet de surprendre les deux tourtereaux endormis dans la chambre de Fanny. Mais quel homme enlève sa ceinture pour aller se coucher, surtout avec une dame, et surtout quand il n'est pas chez lui ? Le seul cas où l'on se livre à cette insignifiante occupation, c'est quand on veut changer de pantalon. Eh bien, pas ce grand étourdi de Marius : non seulement il ôte sa ceinture, mais il ne la dépose pas dans la même pièce que son pantalon, et il l'oublie le lendemain. (Car il ne s'aperçoit pas qu'Honorine, qui n'a pas osé réveiller les coupables, a subrepticement emporté la preuve de leur crime.)

Enfin, *César* pose un curieux problème de date.

On sait que *Marius* et *Fanny* sont des œuvres « contemporaines », c'est-à-dire qu'elles se passent au moment où Marcel Pagnol les écrit, à la fin des années vingt. Or, *César*, qu'il situe *vingt ans plus tard*, donc vers 1950, a été tourné, par la force des choses, dans la Marseille de 1936, qui ne ressemblait pas du tout à ce qu'elle allait devenir quinze ans plus tard, la guerre l'ayant passablement modifiée. Le plus curieux, c'est que, à ma connaissance, personne ne s'est jamais avisé de ce décalage – et les spectateurs du film moins que quiconque.

On peut en tirer une conséquence importante, et presque une morale : c'est que la trilogie est une histoire universelle. Comme beaucoup d'œuvres précisément datées (*Roméo et Juliette, Les Misérables, Crime et Châtiment, Ulysse, Les Enfants du paradis...*), elle échappe au calendrier pour occuper l'espace et le temps de l'imaginaire, lequel ne s'inquiète pas de la chronologie parce qu'il dispose de l'éternité.

L'écriture cinématographique

Je ne souhaite pas parler de « cinéma » au sens strict (ou large) du terme, car c'est un domaine qui ne m'est pas assez familier. Mais j'aimerais dire quelques mots des scénarios, ou plutôt des découpages définitifs, qui sont de la chose écrite, et que l'on peut aisément consulter sous cette forme puisque Marcel Pagnol les a publiés.

Pour les films originaux, qui présentent à peu près les mêmes caractères que les œuvres dramatiques, il n'y a pas de commentaire particulier à faire.

Pour les adaptations, en revanche, il peut être intéressant d'examiner la façon dont le scénariste a travaillé. Je ne prendrai qu'un exemple, celui de *Regain*, parce que les deux textes, celui de Giono et celui de Pagnol, étant également disponibles, la comparaison est à la portée de chacun.

Les modifications apportées par le cinéaste au roman sont de deux ordres.

La première a pour but de renforcer l'épaisseur et l'importance du personnage de Gédémus, le rémouleur, dont Fernandel, qui venait de connaître un succès

■ Un moment de détente au cours du tournage d'*Angèle* (1934). On reconnaît Fernandel qui s'apprête à tirer. À sa gauche : Annie Toinon et Marcel Pagnol. Tout à fait à droite, Delmont.

mérité dans *Angèle*, devait être l'interprète. D'abord, c'est lui qui sauve Arsule du viol collectif dont elle est la victime au début de l'histoire, alors que c'est une matrone qui intervient chez Giono : Gédémus n'arrive que plus tard, quand la pauvre fille est réduite à la mendicité. Ensuite, Marcel Pagnol écrit pour Fernandel la longue séquence des gendarmes, auprès de qui le rémouleur vient déclarer la disparition (et peut-être le meurtre) de sa compagne, et qui lui font passer la nuit dans une cellule. Cette séquence, traitée sur le mode burlesque et tout à fait inutile à l'histoire, a le défaut de rompre le rythme et la remarquable unité de ton du récit.

Il rajoute aussi une courte scène, beaucoup plus légitime sur le plan dramatique, entre Arsule et Gédémus qui se rencontrent à la foire de Manosque. Le rémouleur hésite à reconnaître la jeune femme, tant la vie à Aubignane l'a transformée. De son côté, elle fait semblant de ne pas se souvenir de lui. Ce dialogue, tout en ambiguïté, prépare bien l'arrivée de Gédémus chez Panturle, un peu plus tard.

L'autre série de modifications, parfaitement justifiées celles-là, concerne les dialogues. Dans le texte original, composé comme une cantate, les dialogues sont rares. On a le sentiment qu'ils ont une valeur plus musicale que dramatique. Au fond, ces hommes et ces femmes n'ont pas besoin de se parler pour se comprendre : les gestes et les regards leur suffisent. S'ils échangent des répliques, c'est pour que le timbre de leurs voix s'inscrive dans l'harmonie générale des bruits de la colline.

Au cinéma, les choses ne sont pas aussi simples, ne serait-ce qu'à cause de l'absence des propos, parfois un peu trop explicites, du narrateur de Giono. Ainsi, Marcel Pagnol garde tous les dialogues du roman, mais les complète quand il croit devoir donner à une scène sa véritable dimension dramatique. C'est le cas au moment où Panturle vient chercher de la semence de blé chez L'Amoureux. En revanche, il ne touche pas à la belle scène où le même Panturle rend visite à Gaubert et repart avec un soc tout neuf sur l'épaule, cadeau de l'ancien forgeron. Et il modifie à peine (sans doute parce qu'il l'a trouvée un peu longue) celle où Gédémus vient se faire payer Arsule le prix d'un âne et du harnais.

Si l'adaptation de *Regain* est réussie, c'est, d'une part, qu'elle restitue fidèlement l'atmosphère et les personnages de Giono, avec leur aspect à la fois terrien et insaisissable ; d'autre part, que l'imitation des dialogues du romancier est parfaite : il faut comparer les deux textes ligne à ligne pour découvrir ce que l'on doit à l'un et à l'autre.

Si Marcel Pagnol n'avait été qu'un cinéaste, peut-être ses films auraient-ils été meilleurs sur le plan cinématographique : c'est aux spécialistes de le dire. En revanche, on peut être assuré qu'il aurait raté l'adaptation de *Regain*, s'il n'avait pas reconnu en Giono un écrivain de la même race que lui : un conteur qui favorise l'expression lyrique, qui ne craint pas l'emphase, et qui sait jouer avec les gestes et les discours, avec les voix et les silences.

L'ESSAYISTE
ET LE THÉORICIEN

C'est alors que je décidai de fonder une revue pour y défendre mes idées. Elle prit le titre Les Cahiers du film.

(Cinématurgie de Paris, p. 54.)

Marcel Pagnol n'avait pas seulement de la verve et de la sensibilité. Il possédait aussi une immense curiosité qui l'a poussé à s'intéresser, pendant toute sa vie, à des sujets parfois très éloignés de ses préoccupations artistiques et professionnelles.

C'est ainsi que, tout en écrivant *Topaze,* il essayait de mettre au point un nouveau moteur à explosion. (Ses amis ont même prétendu qu'il cherchait le mouvement perpétuel, mais il s'agit probablement d'une galéjade à usage interne.)

Plus tard, il a rédigé un essai d'une soixantaine de pages sur la tuberculose, dans lequel il prend, un peu étourdiment, le contrepied de la théorie pasteurienne. Il convient toutefois de préciser qu'il expose ce point de vue en 1941, alors que personne en France ne connaît encore les antibiotiques. (La pénicilline, découverte par Alexander Fleming en 1928, n'a été isolée qu'en 1939 et répandue en Europe dans les années qui ont suivi la Seconde Guerre mondiale.) Marcel Pagnol a confié ce travail, pour qu'il l'examine, à son vieil et cher ami le Dr Fernand Aviérinos[1]. Mais il n'a jamais cherché à le publier.

Vers la fin des années soixante, il s'est également attaqué à une tâche considérable, un des problèmes de mathématiques les plus fameux depuis deux siècles et demi : la dé-

■ La passion de la mécanique : Marcel Pagnol dans son atelier de La Gaude. Adroit de ses mains et inventif, Marcel Pagnol se reposait de ses travaux d'écriture par de surprenantes recherches sur les moteurs.

1. Le petit-fils de ce dernier, Jean-Robert, en possède une copie dactylographiée qui porte des notes du destinataire.

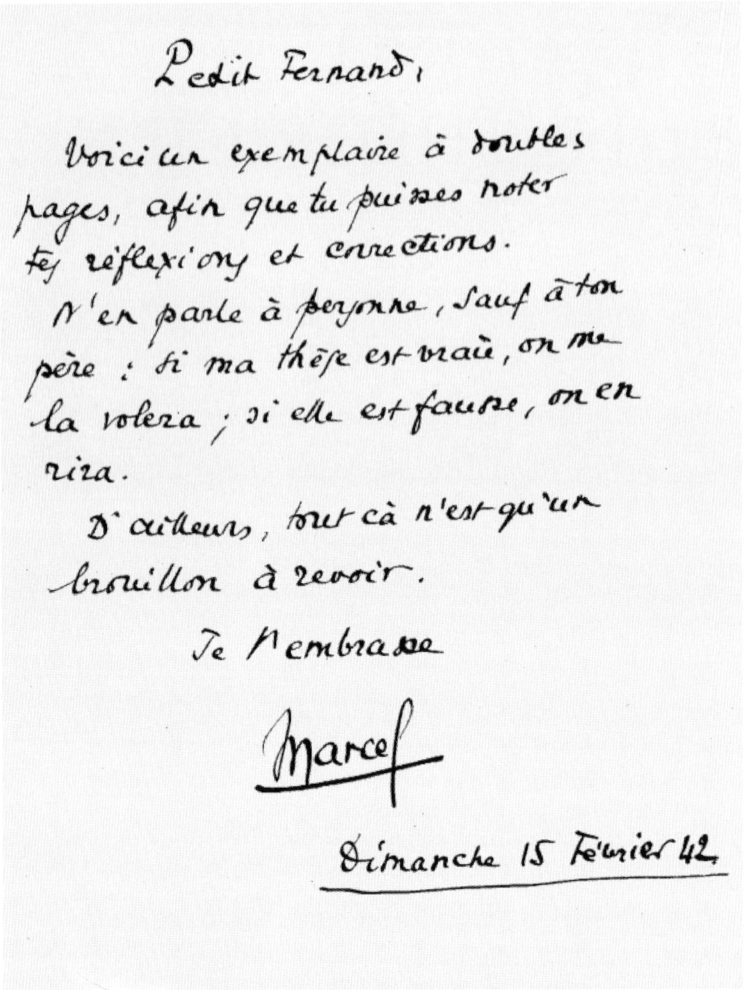

Petit Fernand,

Voici un exemplaire à doubles pages, afin que tu puisses noter tes réflexions et corrections.

N'en parle à personne, sauf à ton père : si ma thèse est vraie, on me la volera ; si elle est fausse, on en rira.

D'ailleurs, tout ça n'est qu'un brouillon à revoir.

Je t'embrasse

Marcel

Dimanche 15 Février 42

■ Lettre au Dr Fernand Aviérinos, un des deux grands amis du lycée Thiers (avec Albert Cohen). Cette lettre accompagne le manuscrit d'un *Essai sur la tuberculose pulmonaire*, que Marcel Pagnol n'a jamais publié. (« Petit » est un terme d'affection : en réalité, Fernand Aviérinos était d'une taille supérieure à la moyenne.)

monstration de la conjecture de Fermat[1]. Naturellement, il n'y est pas parvenu. Mais cette recherche a dû lui apporter bien des heures d'un véritable bonheur.

On aurait tort de considérer ces entreprises comme une manifestation d'outrecuidance. Il faut y voir plutôt une passion naïve, un enthousiasme profond pour tout ce qui a jusqu'ici résisté aux efforts des hommes. Marcel Pagnol avait fait sien, et il cite à plusieurs reprises, un prétendu proverbe américain entendu « de la bouche d'un accessoiriste qui nous arrivait de Hollywood », et que voici : « Tous les savants savaient que c'était impossible. Un jour, un ignorant l'a fait. »

Jusqu'ici, aucun ignorant n'a découvert le mouvement perpétuel, ni démontré la conjecture de Fermat. Mais pourquoi se priveraient-ils du plaisir de cette recherche ?

Ces travaux sont restés discrets. Marcel Pagnol ne les a communiqués qu'à quelques amis dont il souhaitait recueillir l'avis. Tel n'a pas été le cas, en revanche, de certaines idées qu'il tenait à défendre publiquement. Les unes concernent directement son activité d'écrivain et de cinéaste. D'autres, nous le verrons, sont plus inattendues.

Le cinéma parlant

Les débuts d'auteur dramatique de Marcel Pagnol sont exactement contemporains de la naissance du cinéma parlant : 1926, création de *Jazz* ; 1927, sortie du *Chanteur de jazz,* avec Al Jolson ; 1928, création de *Topaze.* Immédiatement enthousiasmé par cette nouvelle technique et par les possibilités qu'elle pouvait lui apporter, le jeune écrivain ne s'est pas contenté de l'utiliser pour son propre compte : il a pris fait et cause pour elle dans plusieurs articles retentissants, déchaînant ainsi une invraisemblable tempête d'injures et de sarcasmes.

On est stupéfait, aujourd'hui, qu'une telle discussion

---

1. Il n'existe aucun nombre entier x, y et z qui satisfasse à l'égalité $x^n + y^n = z^n$, quand n est supérieur à 2. Le 23 juin 1993, à Cambridge, devant un auditoire de mathématiciens éminents, Andrew Wiles a annoncé qu'il venait de démontrer la fameuse conjecture. Sa démonstration compte un millier de pages. On voit que ce n'est pas « un ignorant qui l'a fait »…

ait pu avoir lieu. Car, si l'on peut diversement apprécier le talent de cinéaste de Marcel Pagnol, on ne peut disconvenir que la vision qu'il avait, en 1930, de l'avenir du cinéma était d'une rare clairvoyance :

> L'auteur dramatique qui compose une pièce de théâtre ne s'adresse pas à un individu isolé : il écrit pour mille personnes (qui, d'ailleurs, ne viennent pas toujours) assises dans une salle spéciale [...]. Le romancier s'adresse au lecteur isolé, il ne vise qu'une seule cible : il peut prendre une fine carabine de stand, la mettre sur un chevalet, régler sa hausse et tirer à balle, le coup est précis et la balle va loin. Mais pour nous, il nous faut choisir la canardière et la bourrer de mille plombs de chasse, pour frapper d'un seul coup mille buts différents. Eh bien, le cinéma parlant a résolu ce problème : il l'a résolu entièrement et définitivement... (*Cinématurgie de Paris,* p. 11-12.)

Ainsi, ce qui nous frappe, c'est moins le caractère à la fois évident et « prophétique » d'un point de vue que Marcel Pagnol était alors à peu près seul à défendre, que l'aveuglement de ses détracteurs. On ne notera pas sans sourire que, parmi ces derniers, se trouvait un certain René Clair, futur auteur de *Quatorze Juillet,* de *Ma femme est une sorcière* et des *Grandes Manœuvres,* dont les délicieux dialogues ne sont pas un des moindres mérites...

À son sujet, je ne puis résister à la tentation de citer une observation qui fait ma joie :

> Il [René Clair] se servait de sa férocité glacée – qui m'a toujours fait grande impression –, mais il affaiblissait l'autorité de son discours en parlant trop souvent de la sardine qui a bouché le port de Marseille. J'ai remarqué, en effet, que toute allusion à cette sardine baleinière annonce, chez celui qui s'en sert, un collapsus imminent de l'argumentation. (*Cinématurgie de Paris,* p. 75.)

Tous les Marseillais à qui ce clupéidé a donné des bourdonnements d'oreilles me comprendront.

Le rire

Je ne sais pas si « le rire est le propre de l'homme » : nous avons tous vu, un jour ou l'autre, un chien qui avait vraiment l'air de se payer notre tête, et plusieurs espèces de singes savent ricaner. Ce qui est certain, c'est que, de toutes les propriétés que nous avons en commun, le rire est la plus insaisissable, parce que tout le monde ne rit pas des mêmes choses. Le fameux « mécanique plaqué sur du vivant » est la définition d'un philosophe qui ne devait pas rigoler souvent, ou qui n'a jamais vu Charlot, lequel a plutôt plaqué du vivant sur du mécanique.

L'idée que développe Marcel Pagnol est d'un autre ordre : elle vient, naturellement, de son expérience d'auteur dramatique :

> Le rire est un chant de triomphe ; c'est l'expression d'une supériorité momentanée mais brusquement découverte, du rieur sur le moqué. (*Notes sur le rire,* p. 25.)

Bien que Marcel Pagnol illustre sa théorie avec des exemples apparemment tirés de la réalité (en fait : assez mis en scène), il est clair qu'elle s'applique essentiellement à des situations de théâtre, où il est facile à un individu placé dans des conditions privilégiées (un fauteuil de parterre ou de balcon) de se sentir supérieur à un autre que la lumière de la scène rend très vulnérable.

Mais cette définition n'explique pas tout, et notamment le rire (d'attendrissement ?) provoqué par les mimiques d'un bébé ou la maladresse d'un enfant, dont l'« infériorité », si elle avait un sens, n'aurait pas à être démontrée.

Non, le grand mérite de ces réflexions, c'est d'aboutir à une sorte de « défense et illustration du comique », déjà entreprise dans *Le Schpountz,* dont le passage le plus significatif est d'ailleurs cité dans les *Notes sur le rire :*

Quand on fait rire sur la scène ou sur l'écran, on ne s'abaisse pas, bien au contraire. Faire rire ceux qui rentrent des champs, avec leurs grandes mains tellement dures qu'ils ne peuvent plus les fermer. Ceux qui sortent des bureaux avec leurs petites poitrines qui ne savent plus le goût de l'air. Ceux qui reviennent de l'usine, la tête basse, les ongles cassés, avec de l'huile noire dans les coupures de leurs doigts... (Le *Schpountz*, p. 184.)

Enfin, chacun devrait pouvoir faire sienne la conclusion de ce petit essai : *Dis-moi de quoi tu ris, et je te dirai qui tu es.*

Critique des critiques

Marcel Pagnol a toujours eu des rapports passionnels avec la critique, qui n'a jamais été tiède à son égard, mais plutôt enthousiaste ou assassine. Il n'est donc pas surprenant qu'il ait eu envie, un beau jour, de consigner les réflexions que ces rapports lui inspiraient. Elles sont d'autant plus intéressantes qu'il a composé ce court texte (moins d'une centaine de pages) sur plusieurs années, de 1944 à 1949, en un moment où sa gloire, récemment consacrée par l'Académie française, ne faisait plus aucun doute, où l'on ne pouvait donc lui reprocher de rédiger un plaidoyer *pro domo*.

Disons tout de suite que le problème de la critique n'a pas de solution dans une société démocratique. En effet, il est clair que, d'une part, tout citoyen, même analphabète, a le droit d'exprimer publiquement son avis sur n'importe quelle œuvre d'art ; d'autre part, que le critique professionnel vit sur cette œuvre en parasite : si personne n'écrivait de roman, le chroniqueur littéraire n'existerait pas ; mais si ce dernier disparaissait, cela n'empêcherait pas les romanciers de continuer à écrire.

On ne peut pas sortir de ce piège, que la seule qualité des personnes peut rendre supportable. Mais, pour un Jacques Lemarchand, un Pascal Pia, un Guy Dumur, combien de plumitifs incultes et sûrs d'eux ?

■ L'affiche du *Schpountz* (1937).
Dans ce film à la fois burlesque et grave, Fernandel fait une brillante composition.

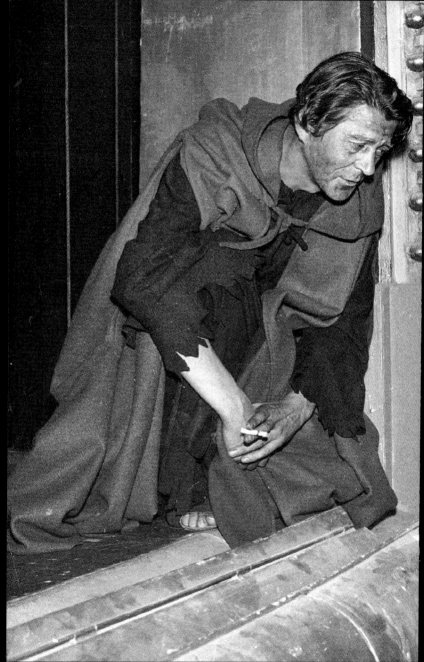

Marcel Pagnol qui, moins que tout autre, ignore cette contradiction, propose d'en sortir par la création d'une « licence des critiques », un diplôme comparable à celui qui autorise le débit du tabac, l'exercice de la kinésithérapie ou la conduite des autobus. Il donne même la composition du jury chargé de l'attribuer, et prévoit des amendes pour ceux qui exerceraient l'activité de critique sans licence.

On ne restera pas insensible à l'humour pince-sans-rire qui nourrit ce grave exposé. Mais tout auteur qui fut un jour éreinté par un zoïle gonflé d'incompétence et de forfanterie ne manquera pas de soupirer en se disant : « Et si c'était vrai ? »

Judas

Autre problème, historique et religieux cette fois, celui posé par la trahison de Judas. Comme beaucoup de lecteurs des Évangiles, Marcel Pagnol n'était pas convaincu par l'explication officielle.

Par exemple, l'histoire des trente deniers ne lui paraissait guère croyable :

> Tout au long des quatre Évangiles, nous avons vu des foules suivre Jésus, et reconnaître en lui un grand prophète, qui accomplissait sous leurs yeux des miracles. Il est certain que Judas faisait la quête dans cette foule, et que les parents et amis des miraculés se montraient généreux quand ils le pouvaient. Il est donc également certain que ce n'est pas pour trente deniers que Judas a vendu son maître, car il a toujours eu dans la bourse commune des sommes vingt fois supérieures. Sans trahir Jésus, il n'avait qu'à s'enfuir avec la caisse, comme font les mauvais comptables. (*Judas*, p. 12-13.)

Alors Marcel Pagnol propose une solution d'auteur dramatique : la Passion et la mort de Jésus constituent une tragédie, dans laquelle tout le monde avait un rôle à jouer, et c'est à Judas qu'est dévolu celui du traître. Pourquoi ? Parce qu'on ne peut pas le confier à n'importe qui, et que Judas est un des disciples en qui

■ Double page précédente : Répétition de *Judas*, au Théâtre de Paris, en octobre 1955. Jean Servais (Phocas) et Marcel Pagnol. Apparemment touchée par le mauvais sort, cette pièce n'a pas eu le succès que Marcel Pagnol espérait.

Jésus a le plus confiance. Si Judas accepte, c'est qu'il lui est impossible de refuser un ordre dont il pense qu'il vient de Dieu.

Cette thèse, dont les développements psychologiques ne manquent ni de logique ni de vertu démonstrative, a naturellement agacé, pour ne pas dire plus, à la fois les chrétiens et les juifs : la réhabilitation du parangon des traîtres par un mécréant leur a paru une sorte de manifeste anticlérical. C'est dommage, parce que la pièce, qui est pleine de chaleur, de tendresse et d'humanité, n'a rien de provocant, encore moins de sacrilège. Elle est seulement un peu lourde dans son déroulement, la dissertation théologique prenant souvent le pas sur l'action dramatique.

Au reste, cet ouvrage a joué de malheur : peu de temps après la première, Raymond Pellegrin, qui interprétait le rôle principal, fut pris de syncope en sortant de scène. Roger Rudel le remplaça au pied levé, puis fut à son tour terrassé, toujours en scène, par une appendicite foudroyante. Il fallut trouver, en catastrophe, un troisième Judas. Mais on sait que beaucoup de comédiens sont superstitieux : le mauvais œil semblait frapper cette pièce qui traitait, d'une manière non conventionnelle, des choses sacrées. Le cœur n'y était plus. Contre son gré, la directrice du Théâtre de Paris, Elvire Popesco, dut interrompre les représentations.

Le Masque de fer

Dix ans plus tard, Marcel Pagnol s'attaque à un nouveau mystère historique (mais pas religieux) : celui du Masque de fer.

Si le problème est aussi difficile à résoudre que celui posé par Fermat, il est plus satisfaisant pour un écrivain, puisqu'il va donner lieu à un véritable travail littéraire.

La solution proposée par Marcel Pagnol n'est pas neuve, puisqu'il soutient la thèse du frère jumeau de Louis XIV. Mais elle a le mérite d'être profondément romanesque.

Il y consacre beaucoup de temps et d'efforts. Les documents ne lui manquent pas, car sa gloire lui ouvre un grand nombre de bibliothèques et de dépôts

d'archives. Il cherche même à pénétrer les armoires secrètes du Vatican, par l'intermédiaire de son ami l'abbé Norbert Calmels, devenu général des Prémontrés. En effet, il est persuadé que les jésuites connaissent la vérité, tout simplement parce que le père Cotton, qui devait être dans la confidence comme confesseur de Louis XIII, appartenait à la fameuse Société.

Je ne suis pas assez compétent pour apprécier la valeur historique de cet ouvrage. Mais on y retrouve le merveilleux conteur, avec son art du portrait et des paysages, sa verve, son enthousiasme et ses bonheurs d'écriture.

Il semble que, venant après les « Souvenirs d'enfance », *Le Masque de fer*[1] n'ait pas rencontré le succès espéré par son auteur. Le public a probablement senti qu'avec cette étude il n'évoluait pas dans son domaine de prédilection. Raymond Castans raconte que Marcel Pagnol en a été surpris, lui qui avait affirmé à ses amis : « Si mon nom passe à la postérité, ce sera pour ce travail. » Personne ne l'avait cru, bien entendu. Quant à lui...

On aurait envie de lui répondre ce qu'Alida Rouffe lui a dit un jour, pendant les répétitions de *Marius* : « Je t'écoute, Marcel, continue. Je sais que tu me mens, mais je me régale ! »

Non, il ne mentait pas. Il continuait simplement à vivre dans l'univers qui était le sien : celui où l'imaginaire l'emporte toujours sur la réalité.

1. Une deuxième édition, revue et augmentée, a paru sous le titre *Le Secret du Masque de fer.*

■ Marcel Pagnol à sa table de travail. Ici, en train de travailler à son essai sur *Le Masque de fer.* Cette célèbre énigme historique l'a passionné pendant de nombreuses années.

MYTHES

Voilà, pour moi, du mystère. Il en faut dans une vie :
les vies sans mystère n'ont point d'intérêt.

(*Confidences*, p. 84.)

On sait que la critique militante et les professeurs d'université n'ont pas toujours accordé à Marcel Pagnol une place parmi les meilleurs écrivains de son temps. Il s'agit là d'une affaire de goûts personnels, qui dépendent à la fois de la culture et de la sensibilité.

Mais il est une chose que ses détracteurs même ne peuvent lui refuser, c'est d'avoir été un *créateur de mythes*. Or, ils ne sont pas si nombreux, dans notre littérature.

Qu'est-ce donc qu'un mythe ? On peut en discuter, puisque *Le Robert* lui-même n'en donne pas moins de cinq définitions savantes, qui vont du récit fabuleux à l'image illusoire. Chacun pouvant avoir sa petite idée là-dessus, j'aimerais en donner une sixième, plus simple et plus générale : « Personnage ou récit, réel ou imaginaire, assez universel pour incarner les rêves du plus grand nombre. »

On voit que cette définition peut convenir aussi bien à Prométhée qu'au socialisme, à Che Guevara qu'à Tristan et Iseult.

Dans le domaine littéraire, peu de personnages sont devenus des mythes, sauf quand ils possédaient une référence historique (Pénélope, Roland, Hamlet) : c'est alors l'Histoire, et non la littérature, qui leur donnait leur dimension. Il serait long, passablement subjectif et un peu vain d'effectuer un recensement systématique, qui n'aboutirait d'ailleurs qu'à une liste assez maigre.

En effet, un grand, un immense personnage n'est pas nécessairement un mythe, et notamment si son caractère

■ Emmanuelle Béart (Manon) dans *Jean de Florette,* nouvelle version de *Manon des sources,* film de Claude Berri (1985).

et son comportement sont trop singuliers pour cristalliser les rêves de ses admirateurs.

Ainsi, qui souhaiterait vivre le destin de Julien Sorel, d'Emma Bovary, du prince Muichkine, qui sont pourtant des héros considérables ?

Pour nous en tenir au XXe siècle, Marcel Pagnol à part, je ne vois pas beaucoup de personnages qui aient pris la valeur d'un mythe, et je n'en citerai que deux, tout à fait opposés : Arsène Lupin et le consul d'*Au-dessous du volcan*. On ne sera pas surpris que l'un des deux appartienne au domaine « populaire ».

On me dira peut-être que le consul n'incarne pas de rêves. Si : car il n'y a pas que des rêves positifs. Ce qu'il représente, ce sont les angoisses et les obsessions de tous ceux que l'alcool tourmente.

Eh bien, j'ajouterai donc deux personnages à cette olympienne société : Marius et Manon des sources. Des milliers et des milliers de jeunes gens épris d'aventures et de nouveaux mondes se reconnaissent dans le petit Marseillais, modeste et peu instruit, dont l'imagination ne s'est pas nourrie de lectures, et qui va vivre un douloureux déchirement entre deux passions contradictoires.

Quant à Manon, elle réunit à elle seule plusieurs mythes traditionnels : celui de la vie sauvage et libre, celui de la mise à l'écart, celui de la bergère épousée par un prince.

Au fond, ainsi considéré, le mythe est la forme supérieure du *type*. Arnolphe, Figaro, Poil de Carotte, Pierrot sont des types. Pantagruel, Marguerite Gautier, Jean Valjean sont des mythes.

En ce qui concerne Pagnol, je crois que, si Topaze, César, Honorine, le Boulanger, Angèle sont eux aussi des *types,* Marius et Manon sont les seuls à accéder au statut de *mythes*.

Le mythe que porte Marius contient deux « images illusoires », pour reprendre la cinquième définition du *Robert*. L'une : qu'est-ce qu'il y a au bout du monde ? L'autre : rien, et même pas l'idée que l'on s'en faisait. On voit que ce mythe est très général, parce que le bout du monde n'est pas le seul support des idées que l'on se fait. Car l'aventure n'est pas seulement géographique : toute utopie sociale et politique offre le même jeu de miroirs.

À propos de Marius, et pas simplement à cause de son nom, il est tentant de se demander si Marcel Pagnol, nourri d'humanités et traducteur de Virgile, n'a pas repris à son compte et modernisé quelques mythes antiques. Autrement dit, certains de ses héros seraient-ils l'illustration 1930 d'archétypes grecs ou latins ?

Écartons tout de suite une fausse évidence : Marius ne peut être Ulysse, *lequel ne voulait pas partir !* Ce dernier a même, pour se faire exempter, simulé la folie, inventant ainsi la « réforme pour faiblesse psychologique ». Mais son stratagème est déjoué par Palamède. Le roi d'Ithaque s'embarque donc à contrecœur, désespéré de devoir quitter sa chère femme et son nouveau-né. À l'inverse, s'il est partagé, et peut-être déchiré, Marius choisit lui-même librement de partir. On le rapprocherait donc plus justement de Jason car, également imaginaire et bien réelle, la Toison d'or a plus d'un point commun avec les îles Sous-le-Vent.

Ce qu'il y a de différent, donc d'intéressant, dans *Manon des sources,* c'est que le spectateur voit naître et

■ Une scène de poissonnerie reconstituée pour le film *Fanny* (1932). En haut et au centre, on reconnaît Alida Rouffe (Honorine).

■ La mairie de Marseille, avec son fronton de Pierre Puget, et le « fériboîte » (qui n'avait rien d'un « ferry ») pendant les années trente. Mis en service en juin 1880, il fut supprimé en 1983.

grandir le mythe sous ses yeux. À partir de l'histoire de Jean de Florette, belle et tragique comme une légende, se développent les différents éléments de la fable : l'eau qui disparaît, la fille qui jette des sorts, l'amour dévastateur, l'intervention du médiateur (plus justicier républicain que bon génie), la réconciliation autour de l'eau revenue, le mariage de la bergère avec l'instituteur, avatar moderne et laïque du prince traditionnel.

Mais la fabrication des mythes ne se borne pas à ces deux personnages. Elle concerne aussi quelque chose de plus large, et que l'on pourrait considérer comme le *mythe marseillais*.

Marcel Pagnol n'en est pas l'inventeur. D'ailleurs, il ne date pas des années trente, mais de la fin du siècle dernier. Si l'on me permet un témoignage personnel, je confierai ma stupéfaction en entendant les chansonniers (parisiens) de mon enfance attribuer *bagasse* au lexique marseillais : je puis affirmer que je ne l'ai *jamais* entendu prononcer par aucun de mes concitoyens. Et puis j'ai découvert qu'il appartenait bien à leur vocabulaire, mais sous le Second Empire, et que Labiche l'avait révélé au public des boulevards dans *La Perle de la Canebière*.

Bagasse mis à part, c'est tout de même Marcel Pagnol qui a rendu célèbre, en France et peut-être dans le monde entier, le « fériboîte » et le Pont-Transbordeur. On n'avait guère pu en parler avant lui, puisque le premier a commencé à lâcher sa vapeur en juin 1880, et que le second a fait sa première traversée le 24 décembre 1905. Quant à la Bonne-Mère, qui remplaçait une modeste chapelle datant de 1214, Labiche devait la connaître, puisqu'on l'a officiellement inaugurée le 5 juin 1864.

Il est curieux de constater qu'il ne s'agit pas là de « mythes fondateurs », mais secondaires. Tout le folklore marseillais, en dehors peut-être des *navettes* de la Chandeleur (ces biscuits en forme de bateau que l'on offre le 2 février), n'a guère plus de deux cents ans : les premiers Noëls provençaux datent de 1771 et les premières crèches avec personnages locaux (celles d'Honoré Coder) de 1815. Le trait de génie de Marcel Pagnol a été de donner une dimension universelle à des légendes locales et de création récente.

On pourrait enfin se demander comment survient un mythe et, notamment, s'il apparaît avec la démesure. On sait celle-ci grecque. On est tenté de l'attribuer à toute la partie septentrionale du bassin méditerranéen. Mais, outre qu'il y faudrait des connaissances ethnographiques particulières, on risquerait de passer à côté de Marius et de Manon en leur attribuant des origines trop lointaines. Car, ce qui fait leur force et leur grandeur, c'est que ces deux personnages nous renvoient une image qui nous est familière, parce que c'est la nôtre, ou celle d'un de nos voisins.

J'ai connu des patrons de bar et des poissonnières (rue Longue-des-Capucins) qui ressemblaient à César et à Honorine : voilà le réalisme. Mais j'en ai connu d'autres, du côté de la Capelette, qui s'efforçaient de leur ressembler. Et ça, c'est la mise en œuvre du mythe, par ceux-là mêmes auxquels il est destiné : c'est son prochain avènement, dans vingt ans ou dans un demi-siècle. Quand plus personne ne se souviendra de *bagasse*, mais que des spectateurs émus, des érudits souriants et des hommes de la rue continueront à se dire, sans plus savoir pourquoi : « Tu es beau. Tu ressembles à la statue de Victor Gelu. »

■ La statue de Victor Gelu, dominant une fontaine, sur la place Neuve, près de la mairie. Poète, orateur et chansonnier, Victor Gelu fut un des animateurs de la Commune de Marseille. Sa statue fut déposée, pendant la dernière guerre, par les Allemands et, probablement, transformée en matériel d'artillerie : triste fin pour un pacifiste.

Rideau

Comment conclure ? Ou plutôt : peut-on conclure ? Je n'aperçois pas le moyen de réduire un homme, un artiste, aussi divers que Marcel Pagnol à une formule de synthèse. Lequel restera dans nos souvenirs, du fils sur-doué du petit instituteur d'Aubagne, de l'auteur dramatique, du cinéaste, de l'homme d'affaires, de l'amoureux, du romancier, de l'ami fidèle, de l'acadé-micien ? Cela dépendra de la mémoire de chacun.

Je ne puis me sentir objectif devant un tel écri-vain, et je ne souhaite pas le devenir. L'amour de la littérature, de la musique ou de la peinture se fonde sur des relations essentielles, inaccessibles au reste du monde. Pourquoi aime-t-on à la fois, et aussi bien, Marcel Pagnol, Raymond Queneau, Jacques Audiberti, Louis Aragon et Marcel Aymé ? Est-ce pour ce qu'ils ont en commun, ou pour ce qui les sépare ? Le PPCM ou le PGCD ? Allez savoir.

Il me semble tout de même que Marcel Pagnol réunit deux vertus qui me touchent.

L'une, c'est qu'il me parle une langue que j'entends depuis ma naissance. Mais, ne nous y trompons pas, ce n'est pas celle du folklore : c'est le mélange savant d'un langage presque académique (celui des anciens instituteurs primaires) et de l'idiome abrupt et pittoresque des galopins du quartier Baille.

L'autre, c'est qu'il me propose de rêver à propos de tout : de l'horizon avec Marius, des collines avec Manon, de la passion avec Aurélie, mais aussi d'un quotidien modeste et irremplaçable, et qu'il présente comme un miracle ordinaire : le fériboîte, le clocher des Accoules, le *Pitalugue* qui chavire quand on monte dessus, les violets trop petits, une coupe à cœur et le nombre de tiers qui peuvent entrer dans un verre d'apéritif.

Il ne m'est pas nécessaire de réfléchir longtemps pour apercevoir que c'est exactement, ce langage et le rêve, que je trouve aussi dans *Pierrot mon ami, La Vouivre, La Semaine sainte* et *Le mal court*.

Un écrivain de premier plan, qui est presque notre contemporain, nous a confié que l'on ne fait pas de bonne littérature avec de bons sentiments. Il aurait dû finir sa phrase : *quand on est un mauvais écrivain.* Car les exemples contraires fourmillent.

Et, je vous le demande, que fait-on avec de mauvais sentiments ? La question n'est pas impertinente, puisque nous en sommes accablés depuis quarante ou cinquante ans. Et la réponse est lumineuse (ou sombre) : rien de bien réjouissant.

Bon an, mal an, le siècle se défait sous nos yeux. Les sociologues commencent à admettre que la crise de la civilisation occidentale est une crise de la morale, c'est-à-dire des conventions élémentaires qui permettent aux hommes et aux femmes de vivre ensemble. Ce que nous dit Marcel Pagnol, c'est que l'on ne peut pas le faire n'importe comment, et que des règles de vie discutables, et que l'on peut améliorer, valent sans doute mieux que pas de règles du tout.

Mais peut-être se trompe-t-il, lui aussi, sur ce point. Peu importe, après tout. Car, à quelle observation est-il conduit après quarante ans de travaux, de luttes et de triomphes ? À celle-ci, tirée de ses *Confidences* (p. 95) :

> De toutes les illusions, celle de l'écrivain est la seule féconde.

Oui. Si elle dure assez longtemps.

ANNEXES

BRÈVE CHRONOLOGIE

1895, 28 février. Naissance de Marcel Pagnol, fils de Joseph, instituteur, et d'Augustine Lansot, couturière, à Aubagne (Bouches-du-Rhône).

1898, 28 avril. Naissance de Paul, le frère cadet.

1900. Joseph Pagnol est nommé à l'école des Chartreux, à Marseille.

1902, 2 février. Naissance de Germaine.

1909, 25 juillet. Naissance de René, le benjamin.

1910, 16 juin. Mort d'Augustine Pagnol.

1914, 10 février. Parution du n° 1 de *Fortunio,* revue littéraire fondée et dirigée par Marcel Pagnol.

1915. Réformé pour faiblesse de constitution, Marcel Pagnol est nommé maître d'internat au lycée de Digne, puis répétiteur d'anglais au collège de Tarascon.

1916, 2 mars. Mariage de Marcel Pagnol avec Simonne Colin, à Marseille.

1922. Nommé répétiteur au lycée Condorcet, à Paris, Marcel Pagnol prend ses fonctions le 1er octobre.

1923. Rencontre avec Orane Demazis.

1924, 15 avril. Création des *Marchands de gloire,* pièce écrite avec Paul Nivoix, au théâtre de la Madeleine.

1926, 9 décembre. Création de *Jazz* à Monte-Carlo. Reprise au théâtre des Arts le 21 décembre.

1928, 9 octobre. Création de *Topaze* au théâtre des Variétés.

1929, 9 mars. Création de *Marius* au théâtre de Paris.

1931. Réalisation et sortie du film *Marius.*

1932. Réalisation et sortie du film *Topaze.* Réalisation et sortie du film *Fanny.*

1934. *Angèle.*

1936. *César.*

1937. *Regain.*

1938. *Le Schpountz. La Femme du boulanger.* Inauguration des studios Marcel-Pagnol à Marseille.

1940. *La Fille du puisatier.*

1941, 26 février. Divorce d'avec Simonne Colin. Acquisition du château de La Buzine, dans la banlieue de Marseille.

1945, 6 octobre. Mariage avec Jacqueline Bouvier.

1946, 6 février. Naissance de Frédéric Pagnol.

1946, 20 septembre. Mort de Raimu.

1947, 27 mars. Réception à l'Académie française.

1948. *La Belle Meunière.*

1951, 3 octobre. Naissance d'Estelle Pagnol.

1951, 15 novembre. Mort de Joseph Pagnol.

1952. *Manon des sources.*

1954, 20 février. Mort d'Estelle Pagnol.

1955, 6 octobre. Création de *Judas* au théâtre de Paris.

1956, 28 septembre. Création de Fabien au théâtre des Bouffes-Parisiens.

1957. *La Gloire de mon père* et *Le Château de ma mère.*

1959. *Le Temps des secrets.*

1962. *L'Eau des collines.*

1964. *Le Masque de fer.*

1973. *Le Secret du Masque de fer.*

1974, 18 avril. Mort de Marcel Pagnol, à Paris.

ANTHOLOGIE

La cousine et les robinets

Peluque fit un gracieux sourire. Je me retournai et je vis une petite jeune fille de seize ans. Elle portait sous son bras un cartable et nous dit bonjour de la main.

— C'est ma cousine, m'expliqua-t-il ; puis, avec un douloureux soupir, il ajouta : La malheureuse ! Ah ! la malheureuse !

— Qu'a-t-elle fait ? demandai-je surpris. Aurait-elle déshonoré ta famille ?

— Pis que cela, s'écria-t-il, car elle n'en souffrirait pas personnellement, ni physiquement. Mais elle va passer son brevet élémentaire… As-tu vu cette démarche incertaine ? Ces yeux caves ? Ce regard ? Ce sourire blafard ? Pauvre fille ! Et sais-tu qui l'a mise dans cet état ? C'est le bassin.

— Quel bassin ? demandai-je, surpris.

— C'est le bassin que remplissent trois robinets, reprit-il avec une rage frémissante. Le premier robinet débite deux mètres cubes à l'heure : il coule trente-deux minutes. Le deuxième donne trois litres et vingt-sept centilitres à la minute, et coule pendant quatre heures. Le troisième coule pendant huit heures et douze secondes, et son débit est les deux septièmes du débit du premier. On t'affirme que le bassin, qui a un mètre de large sur un mètre trente-cinq de long, a été creusé par un terrassier qui extrayait trois cents décimètres cubes à l'heure ; il se reposait cinq minutes toutes les heures ; il a travaillé cinq journées de huit heures. Sais-tu à quelle hauteur arrive l'eau de ce bassin ? Le sais-tu ? Non, tu ne le sais pas, et tu ne le sauras jamais. Eh bien, elle le sait, et c'est ce qui la tue.

Sa voix devint dure et sarcastique.

— Et s'il n'y avait que le bassin ! Mais la paysanne qui porte ses œufs au marché ? Et le bucolique problème du berger qui vend la laine de ses moutons avec des fractions navrantes ? C'est à ces travaux que cette petite a perdu sa jeunesse, à ces inepties compliquées… Ajoutons les propositions incidentes, « Pierre qui roule n'amasse pas mousse » (commenter et discuter), les sous-préfectures, Louis le Hutin et Clodion le Chevelu… Ô faillite des civilisations ! Ô christianisme !

« Il y a deux mille ans, à Sparte, elle eût suivi la chasse des jeunes hommes sur le Taygète chevelu ; à peine vêtue d'une étoffe ample et légère, elle eût mené sur l'or des grèves le chœur divin des vierges dansantes… Les soleils du Péloponnèse auraient mûri sa jeune chair… Et le soir, près de l'Eurotas, toute blanche dans le crépuscule, elle eût cueilli les lauriers-roses en regardant passer les cygnes… »

Le timbre de sa voix devint grave et lointain.

– Où sont-elles, les Canéphores, qui portaient aux Panathénées les corbeilles de jonc tressé ? Et Nausicaa, svelte et souple, qui lavait le linge de ses frères dans l'eau pesante des ruisseaux et jouait à la balle avec ses compagnes, sur le bord de la mer brillante ? Nausicaa, où sont tes épaules, la ligne heureuse de ton cou, tes beaux seins de neige élastique et ton pied rose et délicat ?

« Tu te présentes au brevet élémentaire, la poitrine en creux, les pieds en dedans. Tes yeux sont luisants d'insomnie et de fièvre, tes bras sont maigres, tes coudes pointus... Tes mollets sont pareils à des tuyaux de poêle, et tu as peut-être déjà de l'obscurité au sommet gauche !

« Ô civilisation ! Science ! Christianisme ! »

(*Pirouettes*, p. 40-42.)

Les palmes et les proverbes

TOPAZE. – Je puis dire que pendant dix ans, de toutes mes forces, de tout mon courage, de toute ma foi, j'ai accompli ma tâche de mon mieux avec le désir d'être utile. Pendant dix ans, on m'a donné huit cent cinquante francs par mois. Et un jour, parce que je n'avais pas compris qu'il me demandait une injustice, l'honnête Muche m'a fichu à la porte. Je t'expliquerai quelque jour comment mon destin m'a conduit ici, et comment j'ai fait, malgré moi, plusieurs affaires illégales. Sache qu'au moment où j'attendais avec angoisse le châtiment, on m'a donné la récompense que mon humble dévouement n'avait pu obtenir : les palmes.

TAMISE, *ému*. – Tu les as ?

TOPAZE. – Oui, et toi ?

TAMISE. – Pas encore.

TOPAZE. – Tu le vois, mon pauvre Tamise. Je suis sorti du droit chemin, et je suis riche et respecté.

TAMISE. – Sophisme. Tu es respecté parce qu'on ignore ton indignité.

TOPAZE. – Je l'ai cru, mais ce n'est pas vrai. Tu parlais tout à l'heure d'un parfait honnête homme qui t'a renseigné. Je parie que c'est Muche ?

TAMISE. – Oui, et si tu l'entendais s'exprimer sur ton compte, tu rougirais.

TOPAZE. – Ce parfait honnête homme est venu me voir. Je lui ai dit la vérité. Il m'a offert un faux témoignage, la main de sa fille, et la présidence de la distribution des prix.

TAMISE. – La présidence... Mais pourquoi ?

TOPAZE. – Parce que j'ai de l'argent.

TAMISE. – Et tu t'imagines que pour de l'argent...

TOPAZE. – Mais oui, pauvre enfant que tu es... Ce journal, champion de la morale, ne voulait que vingt-cinq mille francs. Ah ! l'argent... Tu n'en connais pas la valeur...

Mais ouvre les yeux, regarde la vie, regarde tes contemporains… L'argent peut tout, il permet tout, il donne tout… Si je veux une maison moderne, une fausse dent invisible, la permission de faire gras le vendredi, mon éloge dans les journaux ou une femme dans mon lit, l'obtiendrai-je par des prières, le dévouement, ou la vertu ? Il ne faut qu'entrouvrir ce coffre et dire un petit mot : « Combien ? » (*Il a pris dans le coffre une liasse de billets.*) Regarde ces billets de banque, ils peuvent tenir dans ma poche, mais ils prendront la forme et la couleur de mon désir. Confort, beauté, santé, amour, honneurs, puissance, je tiens tout cela dans ma main… Tu t'effares, mon pauvre Tamise, mais je vais te dire un secret : malgré les rêveurs, malgré les poètes et peut-être malgré mon cœur, j'ai appris la grande leçon : Tamise, les hommes ne sont pas bons. C'est la force qui gouverne le monde, et ces petits rectangles de papier bruissant, voilà la forme moderne de la force.

TAMISE. – Il est heureux que tu aies quitté l'enseignement, car si tu redevenais professeur de morale…

TOPAZE. – Sais-tu ce que je dirais à mes élèves ? (*Il s'adresse soudain à sa classe du premier acte.*) « Mes enfants, les proverbes que vous voyez au mur de cette classe correspondaient peut-être jadis à une réalité disparue. Aujourd'hui, on dirait qu'ils ne servent qu'à lancer la foule sur une fausse piste, pendant que les malins se partagent la proie ; si bien qu'à notre époque, le mépris des proverbes c'est le commencement de la fortune… » Si tes professeurs avaient eu la moindre idée des réalités, voilà ce qu'ils t'auraient enseigné, et tu ne serais pas maintenant un pauvre bougre.

TAMISE. – Mon cher, je suis peut-être bougre, mais je ne suis pas pauvre.

TOPAZE. – Toi ? Tu es pauvre au point de ne pas le savoir.

TAMISE. – Allons, allons… Je n'ai pas les moyens de me payer beaucoup de plaisirs matériels, mais ce sont les plus bas.

TOPAZE. – Encore une blague bien consolante ! Les riches sont bien généreux avec les intellectuels : ils nous laissent les joies de l'étude, l'honneur du travail, la sainte volupté du devoir accompli ; ils ne gardent pour eux que les plaisirs de second ordre, tels que caviar, salmis de perdrix, Rolls-Royce, champagne et chauffage central au sein de la dangereuse oisiveté !

(Topaze, acte IV, scène 4.)

La plus célèbre manille du monde

PANISSE, *impatient*. – Eh bien, quoi ? C'est à toi !

ESCARTEFIGUE. – Je le sais bien. Mais j'hésite…

[…]

CÉSAR. – Tu ne vas pas hésiter jusqu'à demain !

M. BRUN. – Allons, Capitaine, nous vous attendons !

ESCARTEFIGUE. – C'est que la chose est importante ! (*À César.*) Ils ont trente-deux, et nous, combien nous avons ?

CÉSAR. – Trente.

M. BRUN, *sarcastique*. – Nous allons en trente-quatre.

PANISSE. – C'est ce coup-ci que la partie se gagne ou se perd.

ESCARTEFIGUE. – C'est pour ça que je me demande si Panisse coupe à cœur.

CÉSAR. – Si tu avais surveillé le jeu, tu le saurais.

PANISSE, *outré*. – Eh bien, dis donc, ne vous gênez plus ! Montre-lui ton jeu puisque tu y es !

CÉSAR. – Je ne lui montre pas mon jeu. Je ne lui ai donné aucun renseignement.

M. BRUN. – En tout cas, nous jouons à la muette, il est défendu de parler.

PANISSE. – Et si c'était une partie de championnat, tu serais déjà disqualifié.

CÉSAR, *froid*. – J'en ai vu souvent des championnats. J'en ai vu plus de dix. Je n'y ai jamais vu une figure comme la tienne.

PANISSE. – Toi, tu es perdu. Les injures de ton agonie ne peuvent pas toucher ton vainqueur.

CÉSAR. – Tu es beau. Tu ressembles à la statue de Victor Gelu.

ESCARTEFIGUE, *pensif*. – Oui, et je me demande toujours s'il coupe à cœur.

PANISSE, *furieux*. – Et je te prie de ne pas lui faire de signes.

CÉSAR. – Moi je lui fais des signes ? Je bats la mesure.

PANISSE. – Tu ne dois regarder qu'une seule chose : ton jeu. (*À Escartefigue.*) Et toi aussi.

CÉSAR. – Bon.

PANISSE, *à Escartefigue*. – Si tu continues à faire des grimaces, je fous les cartes en l'air et je rentre chez moi.

M. BRUN. – Ne vous fâchez pas, Panisse. Ils sont cuits.

ESCARTEFIGUE. – Moi, je connais très bien le jeu de la manille et je n'hésiterais pas une seconde si j'avais la certitude que Panisse coupe à cœur.

PANISSE. – Je t'ai déjà dit qu'on ne doit pas parler, même pour dire bonjour à un ami.

ESCARTEFIGUE. – Je ne dis bonjour à personne. Je réfléchis.

PANISSE. – Eh bien ! réfléchis en silence… Et ils se font encore des signes ! Monsieur Brun, surveillez Escartefigue. Moi, je surveille César.

CÉSAR, *à Panisse*. – Tu te rends compte comme c'est humiliant ce que tu fais là ? Tu me surveilles comme un tricheur. Réellement, ce n'est pas bien de ta part. Non, ce n'est pas bien.

PANISSE, *presque ému*. – Allons, César, je t'ai fait de la peine ?

CÉSAR. – Quand tu me parles sur ce ton, quand tu m'espinches comme si j'étais un scélérat, eh bien, tu me fends le cœur.

PANISSE. – Allons, César…

CÉSAR. — Oui, tu me fends le cœur. Pas vrai, Escartefigue ? Il nous fend le cœur.

ESCARTEFIGUE, *ravi*. — Très bien !

Il jette une carte sur le tapis. Panisse la regarde, regarde César, puis se lève brusquement, plein de fureur.

PANISSE. — Est-ce que tu me prends pour un imbécile ? Tu as dit : « Il nous fend le cœur » pour lui faire comprendre que je coupe à cœur. Et alors il joue cœur, parbleu !

CÉSAR. — …

PANISSE (*Il lui jette les cartes au visage*). — Tiens, les voilà tes cartes, tricheur, hypocrite ! Je ne joue pas avec un Grec ; siou pas plus fade qué tu, sas ! Foou pas mi prendré per un aoutré ! (*Il se frappe la poitrine.*) Siou mestré Panisse, et siès pas pron fin per m'aganta[1] !

Il sort violemment en criant : « Tu me fends le cœur ! » […]

M. BRUN. — Cette fois-ci, je crois qu'il est fâché pour de bon.

CÉSAR. — Eh bien, tant pis pour lui, il a tort.

M. BRUN. — Il a eu tort de se fâcher, mais vous avez eu tort de tricher.

CÉSAR. — Si on ne peut plus tricher avec ses amis, ce n'est plus la peine de jouer aux cartes.

ESCARTEFIGUE. — Surtout que c'était bien trouvé, ce que tu as dit.

CÉSAR. — Tant pis, tant pis ! Oh ! il ne faut pas lui en vouloir… Depuis quinze jours, il n'est plus le même. Depuis que Fanny lui a dit « non ».

M. BRUN. — Il vous en veut un peu, parce que si elle a dit non, c'est à cause de Marius.

ESCARTEFIGUE. — Il devrait bien comprendre que Marius et Fanny, c'est une jolie paire.

M. BRUN. — Je croyais même que c'était pour ne pas lui faire de peine que vous n'aviez pas encore annoncé les fiançailles.

CÉSAR. — Oh ! non, ça n'a aucun rapport. Ils ne sont pas encore fiancés parce qu'ils n'en ont pas encore parlé à leurs parents.

M. BRUN. — Pourtant, ils se regardent toute la journée, et d'une façon qui ne trompe personne.

CÉSAR. — Bien sûr, ça finira par une noce. Mais pour le moment, ils n'ont rien dit, ni à Honorine ni à moi. On boit la dernière et on fait une manille aux enchères à trois, pour savoir qui paiera les consommations ?

ESCARTEFIGUE. — Ça va.

César bat les cartes et fait couper M. Brun. Fanny, qui depuis un moment refermait son éventail, entre dans le bar.

---

1. « Je ne suis pas plus bête que toi, tu sais ! Faut pas me prendre pour un autre ! Je suis maître Panisse, et tu n'es pas assez malin pour m'attraper ! »

FANNY. — Bonsoir, monsieur César.

CÉSAR. — Tu vas déjà te coucher ?

FANNY. — Oh ! non. Je vais accompagner ma mère à la gare.

CÉSAR. — Tu es une bonne fille.

FANNY. — Bonsoir, messieurs.

ESCARTEFIGUE. — Bonsoir, Fanny.

M. BRUN. — Bonsoir, mademoiselle Fanny.

Elle sort.

CÉSAR. — Si elle savait où il va ce soir, Marius, elle se ferait de la bile, la petite Fanny.

M. BRUN. — Ah bah ! Pourquoi ?

CÉSAR, *à voix basse*. — Parce que monsieur va voir sa maîtresse. Oui, sa vieille maîtresse… Et je soupçonne que c'est pour ça qu'il n'est pas pressé de se fiancer.

ESCARTEFIGUE. — Oh ! qué brigand !

CÉSAR. — Monsieur s'habille pour aller passer la nuit chez une femme.

[…]

ESCARTEFIGUE. — César, qui est-ce sa maîtresse ?

CÉSAR. — Je ne le sais pas. *(Escartefigue bat les cartes.)* Nous n'en avons parlé qu'une fois, mais sans détails. D'ailleurs, je suis à peu près fixé et je suis sûr que c'est une femme de navigateur.

ESCARTEFIGUE. — Pourquoi ?

CÉSAR. — D'abord, parce qu'il va passer la nuit entière. C'est donc que le mari n'y couche pas tous les soirs.

M. BRUN. — Oui, évidemment. *(Il regarde ses cartes.)* Trente-deux.

ESCARTEFIGUE. — Trente-cinq.

CÉSAR. — Quarante. Et ensuite tout le monde sait bien que c'est dans la marine qu'il y a le plus de cocus.

ESCARTEFIGUE. — Comment ?

CÉSAR. — Je dis : « C'est dans la marine qu'il y a le plus de cocus ! » Quarante. *(Escartefigue se lève, il lâche les cartes.)* Qu'est-ce qui te prend ? Je t'ai blessé. Je te demande pardon.

ESCARTEFIGUE. — À qui demandes-tu pardon ? Au marin, ou au cocu ?

CÉSAR, *conciliant*. — À tous les deux.

ESCARTEFIGUE. — Et tu crois qu'il suffit de s'excuser en souriant ?

CÉSAR. — Allons, Félix, ne te fâche pas ! Je ne te reproche pas d'être cocu, je sais bien que ce n'est pas de ta faute. Et puis, tout le monde le sait…

ESCARTEFIGUE, *indigné*. — M. Brun ne le savait pas.

M. BRUN. — Hum.

CÉSAR. — Mais si, il le savait… N'est-ce pas, monsieur Brun, que vous le saviez ?

ESCARTEFIGUE. — Que je sois cocu, ça ne te regarde pas, et ça n'a d'ailleurs aucune importance. Mais je te défends d'insulter la marine française. Et après la phrase que tu viens de prononcer, je ne puis plus faire la partie avec toi.

César. – Voyons, Félix, écoute…

Escartefigue. – Je n'écoute rien. Je me présenterai ici demain matin pour recevoir tes excuses. Bonsoir, monsieur Brun.

M. Brun. – Allons, Capitaine…

Escartefigue. – N'insistez pas, monsieur Brun.

César. – Mais si tu veux des excuses, je vais te les faire tout de suite.

Escartefigue. – Non, j'exige des excuses réfléchies… Il faut que tu te rendes compte de la gravité de ce que tu as dit.

César. – C'est une phrase en l'air ! Je n'ai jamais eu l'idée d'insulter la marine française. Au contraire, je l'admire, je l'aime…

Escartefigue, *sur la porte, avec une grande noblesse.* – Il se peut que tu aimes la marine française, mais la marine française te dit m…

(*Marius*, acte III, premier tableau, scènes 1 à 5.)

Panisse et fils

Fanny. – Allez, vous avez raison, Panisse, ne me prenez pas ! Je suis une fille perdue, perdue… Et je n'ai même plus le droit de me tuer.

Panisse, *à voix basse.* – Es un pichon, Fanny ? Digo mi, Fanny, es un pichon[1] ? (*Elle dit « oui » d'un signe de tête.*) Tu en es sûre ? C'est le docteur qui te l'a dit ? (*Même jeu.*) C'est donc pour ça que tu étais malade !

Fanny dit « oui » d'un signe de tête.

Fanny. – Ne me méprisez pas trop, Panisse. Vous m'avez demandée ce matin, je n'avais qu'à vous dire « oui », mais j'ai voulu vous avertir. Je serais bien heureuse, maintenant, si je devenais votre femme. Mais j'ai un petit enfant qui me mange le ventre. Il veut naître, et il naîtra.

Panisse. – Et tu accepterais quand même de m'épouser ?

Fanny. – J'accepterais d'être votre servante, je vous obéirais comme un chien. Et j'aurais tant de reconnaissance pour vous que je finirais par vous aimer !

Panisse. – Mais ce petit, tu me le donnerais ? Il serait mien ? Il aurait mon nom ?

Fanny. – C'est la seule chose que je vous demande.

Panisse, *en extase.* – Ô bonne Mère !

Fanny. – Vous me voulez quand même ? C'est vrai ?

Panisse. – Écoute, Fanny. Tu n'as jamais remarqué mon enseigne ? Il y a : « Honoré Panisse » et en dessous « Maître voilier ». Est-ce que tu as remarqué que les lettres sont

---

1. « C'est un petit, Fanny ? Dis-moi, Fanny, c'est un petit ? »

un peu trop serrées sur la gauche et qu'il reste au bout, comme un espace vide ?… Eh bien, regarde ça ! *(Il est allé derrière le comptoir et il ouvre un tiroir fermé à clef.)* Regarde. *(De ce tiroir, il sort de grandes lettres d'enseigne, jadis dorées.)* Ça, c'est « et ». Ça, c'est « leu ». *(Il place les lettres sur une planche.)* Ça, c'est « i ». Ça, c'est « feu ». Ça, c'est « seu ». *(Il les a placées dans leur ordre, et il lit.)* Et fils. Il y a trente ans qu'elles sont dans ce tiroir, et je n'ai jamais pu les sortir. *(Un grand temps. Panisse gesticule sans rien dire. Fanny se tait.)* Attends, Fanny. Un peu de précision. Est-ce que tu as dit ton secret à quelqu'un ?

FANNY. — Le docteur le sait.

PANISSE. — Bon. Mais lui ne pourra rien dire, puisqu'il est docteur. Et ensuite ?

FANNY. — Il y a ma mère et ma tante Claudine.

PANISSE. — Celles-là ne diront rien à personne, à cause de l'honneur de la famille. Il n'y a personne d'autre qui le sache ?

FANNY. — Non, personne.

PANISSE. — Bon. Et maintenant, quand est-ce qu'il va naître, MON petit ?

(Fanny, acte II, scène 6.)

Je suis interdit de séjour

MARIUS. — Voilà mes crimes ; voilà mon déshonneur. Oh ! j'oubliais une condamnation, la première. Celle qui est la cause de tout.

CÉSARIOT. — Laquelle ?

MARIUS. — Je suis interdit de séjour.

CÉSAR. — Depuis quand ?

MARIUS. — Depuis dix-huit ans. Et c'est vous qui m'avez condamné. Vous m'avez interdit Marseille, la ville où étaient mes amis… le seul endroit du monde où je n'étais pas seul… Allez, vous savez bien que, si j'avais été planté dans ma famille, ça aurait tout changé pour moi.

FANNY. — Je le sais, Marius. Je l'ai toujours su.

CÉSAR. — Si nous t'avons dit de partir, c'était à cause de l'enfant…

MARIUS, *à César, avec violence.* — Toi, pourquoi as-tu laissé faire ? Tu ne le savais pas, toi, que je reviendrais ? et que, si j'avais un petit, il aurait mon nom ?

CÉSAR, *presque humblement.* — Honorine sanglotait… Fanny voulait se jeter à la mer… Panisse assurait l'avenir.

MARIUS. — Eh oui ! c'est ça surtout. Comme des pauvres que vous êtes, vous avez cru qu'il lui fallait des sous, et encore des sous… Et les sous, c'était Panisse qui les avait. *(Il se tourne vers Césariot.)* Quand je suis revenu, tu avais dix mois. J'ai réclamé la femme et l'enfant. *(Il se tourne vers César et Fanny.)* Au nom de l'enfant, vous m'avez chassé. Ils ne m'aimaient plus : tu avais pris ma place, et leur amour pour toi les rendait féroces. J'étais celui qui menaçait la tranquillité du petit. J'étais l'ennemi… Et quand on a peur de quelqu'un, on croit facilement le mal qu'on dit de lui. Vous avez cru que j'étais un bandit, parce que vous aviez besoin de le croire ; ça vous enlevait un peu de remords !...

CÉSARIOT. – Quels remords pouvaient-ils avoir ?

MARIUS. – Pendant des années, aux yeux de tous, j'ai passé pour un saligaud. Et eux, ils étaient tous des saints : surtout Panisse, le saint Honoré ! Tout le monde s'extasiait : il a donné un nom à l'enfant !... On pourrait dire aussi que j'ai donné un enfant au nom de Panisse... Je ne veux pas dire du mal d'Honoré, c'était un homme simple et bon. Mais, dans cette histoire, quel grand sacrifice a-t-il fait ? À cinquante ans, il s'est offert une petite jeune et fraîche. Si vous appelez ça un sacrifice, moi j'en connais beaucoup qui le feraient souvent, et même deux fois par semaine. *(À César.)* Toi, tu as été content de me voir partir. Parce que, si j'avais épousé Fanny, j'aurais été le chef de famille, et j'aurais eu l'autorité sur le petit. Tandis qu'avec Honoré, tu l'avais belle pour satisfaire ta manie de commander. Et toi, Fanny, toi...

FANNY. – Tu vas dire que j'ai été heureuse...

MARIUS. – Non, toi, je sais bien que tu n'as pas dû rire tous les soirs, et que tu t'es sacrifiée. Mais enfin, tu es devenue une dame. Les clovisses, tu les ouvres plus, tu les manges... Tu t'es sacrifiée sous les yeux de la bonne et de la nourrice, assise dans un bon fauteuil, auprès d'un bon feu ; et chaque jour, devant une table bien servie, tu t'es sacrifiée de bon appétit...

FANNY. – Je le sais, Marius... Je me le suis dit bien souvent. Et pourtant, que fallait-il faire ? Renoncer aux pauvres avantages de mon malheur ?

MARIUS. – Non. Tu as bien fait de les accepter. Quand le vin est tiré, il faut le boire, surtout s'il est bon. Quant à ta mère, elle n'a vu que trois choses là-dedans : l'honneur de la famille, ne plus se lever à cinq heures du matin, et le poste de TSF. Au fond, chacun avait ses petits avantages. Sauf moi. Moi que vous avez fait bien noir, afin de paraître moins gris. Moi, la victime.

CÉSAR. – Tu es une drôle de victime ! On ne t'a pas vu depuis dix ans, et tu viens engueuler tout le monde...

MARIUS. – Et j'en ai le droit. Oui, j'en ai le droit.

CÉSARIOT. – Le droit, c'est un mot assez grave...

MARIUS. – Quoi ?

CÉSARIOT. – Vous parlez de droits. Il y a aussi des devoirs... Et il me semble...

MARIUS. – Tais-toi, toi. C'est ton père qui parle.

CÉSAR. – Il a un fils depuis cinq minutes, et il l'engueule à brûle-pourpoint !

MARIUS, *avec une ironie assez tendre.* – Oui, toi, ça doit te choquer que le père engueule son fils...

CÉSARIOT. – En ce qui me concerne, vous avez peut-être raison. Mais vous faites des reproches à tout le monde...

MARIUS. – Et j'en ai le droit, parce que la solution qu'ils ont choisie était stupide. Vous n'avez pas sauvé l'honneur. On n'a pas dit : « La petite Fanny a un enfant sans père. » Mais on a pensé : « La petite Fanny n'a pas perdu le nord. Elle a fait signer son enfant par un vieux qui avait des sous ! » Et le résultat final, nous pouvons le voir aujourd'hui. Mon fils ne s'appelle pas comme moi. Ma femme est veuve quand je suis vivant, et mon père est un pauvre grand-père en cachette. Et de nous quatre, aucun de nous n'a de maison qui soit vraiment sa maison…

CÉSAR. – Oui, nous sommes dans un joli pastis… Tu as eu une bonne idée de naviguer… Je m'en rappellerai, de l'océanographique !

Fanny pleure.

MARIUS. – Fanny, ne pleure pas… Ça n'y change rien… Je ne suis pas venu pour te faire de la peine… Tu en as eu assez jusqu'à maintenant. Si je t'ai parlé de toutes ces choses, c'est à cause de lui. *(Il montre Césariot.)* Nos petites histoires à nous, ça n'a qu'une valeur relative, puisque nous sommes des parents. Mais il m'a semblé important de lui dire qu'il n'est pas le fils d'un malhonnête homme. *(Il prend Césariot aux épaules.)* Oublie tout ce qu'on a pu te raconter. Tu es assez grand pour juger par toi-même. Tu m'as vu travailler. Tu sais ce que je fais, et que je le fais de mon mieux… Évidemment, je ne suis pas un savant, un INGÉNIEUR. Et lorsque tu m'as fait parler, sur le bateau – car à présent je me rends compte que tu m'as fait parler exprès, comme pour un examen –, je t'ai peut-être dit quelques bêtises sur la théorie des moteurs. Mais pense que quand on a des professeurs, ça va tout seul. Eux, ils ont la science, ils te la communiquent, ils te la donnent toute digérée… Moi, j'ai travaillé tout seul, le soir… Je n'ai peut-être pas beaucoup de science : mais celle que j'ai, on ne me l'a pas donnée : je me la suis prise.

(*César,* p. 190-195.)

Propre comme tu es née

SATURNIN. – Écoute, Angèle, de pleurer, ça mouille et ça ne sert à rien. Parlons de tout ça bien posément, comme si c'était pas toi, et comme si c'était pas moi… J'ai la comprenure difficile, c'est vrai. Mais quand il s'agit de toi, je comprends tout.

ANGÈLE. – Va-t'en Saturnin !… Je sens bien que je te dégoûte…

SATURNIN. – Qu'est-ce que tu inventes, demoiselle ?… Pour moi, tu es toujours la même… Toi, tu es toujours notre Angèle. Bien sûr, c'est horrible ce qui t'est arrivé. Mais quoi !… C'est aussi de ma faute…

ANGÈLE. – Mais non, mais non…

SATURNIN. – Mais si, c'est de ma faute. C'est moi qui te disais toujours : « Il te faut un monsieur de la ville. »

ANGÈLE. – Oui, tu me le disais… Mais quand même, ce n'est pas toi qui m'as dit d'appeler les passants dans la rue ?…

SATURNIN. – Oh ! ça, non, je te l'ai jamais dit… Écoute, ce qui t'arrive en ce moment, voilà comment je me le comprends… C'est comme si on me disait : « Notre Angèle est tombée dans un trou de fumier. » Alors moi j'irais, et je te prendrais dans mes bras, et je te laverais bien. Et je te passerais des bois d'allumettes sous les ongles, et je te tremperais les cheveux dans l'eau de lavande pour qu'il ne te reste pas une paille, pas une tache, pas une ombre, rien… Je te ferais propre comme l'eau, et tu serais aussi belle qu'avant. Parce que, tu sais, l'amitié, ça rapproprie tout, tout, tout… Et si un jour, par fantaisie, tu venais me dire : « Saturnin, tu te rappelles le jour où je suis tombée dans le fumier ? » Moi, je te dirais : « Quel fumier ?… Où ?… Quand ?… Comment ?… » Moi, je t'ai vue si petite, que je te vois propre comme tu es née.

ANGÈLE. – Saturnin…

Elle fond en sanglots.

SATURNIN. – Écoute, Angèle, parlons comme il faut. Quand tu es partie, tu n'étais pas seule ! tu avais un homme pour te protéger.

ANGÈLE. – Pour me protéger ? C'est lui qui m'a mise où je suis !

SATURNIN. – Pourquoi ? C'est parce qu'il était malade. Alors toi, par bonté, par dévouement…

ANGÈLE. – Par bêtise, par lâcheté…

SATURNIN. – Ah ! Tu l'aimes pas ?

ANGÈLE. – Si j'avais pas mon enfant, je le tuerais, je le tuerais…

SATURNIN. – Oh ! Ça va mal… Ça va mal… Angèle, on part tout de suite, fais tes paquets.

ANGÈLE. – Pourquoi ?

SATURNIN. – À la ferme, il y aura toujours à manger pour toi et ton enfant…

ANGÈLE. – Mais tu sais bien que mon père me tuerait…

SATURNIN. – Mais non, il ne te tuerait pas. Il a toujours été juste pour les autres, il sera juste pour sa fille… Écoute, je t'ai dit qu'ils se portaient bien tous les deux : je t'ai menti. Mais il ne faut pas m'en vouloir, c'était un mensonge de finesse… La vérité, c'est qu'ils sont bien tristes, bien tristes tous les deux… Depuis que tu es partie, notre maître ne fume plus…

ANGÈLE. – Qu'est-ce qu'il fait ?

SATURNIN. – Il ne fait rien. Il ne parle plus. Il est même devenu méchant… Toute la journée, il dit des Couquin de Bon Diou… Oui… Et la pauvre maman Philomène, tout à l'heure on ne la voit plus, tellement elle est devenue petite : elle semble une bouscarle, et maintenant ses cheveux sont tout blancs… Même la pendule qui s'est arrêtée. *(Il pose sa main sur le bras d'Angèle.)* Écoute, Angèle, reviens, et le maître la remontera…

(Angèle, p. 82-85.)

Un petit mistral né dans la nuit

LE CURÉ. – Mais l'amour d'une femme peut-il causer de tels ravages chez un être raisonnable ?

LE MARQUIS. – Les êtres raisonnables, comme vous dites, n'ont pas seulement une âme immatérielle. Ils ont aussi un cœur en viande. Pour vous, évidemment, l'amour physique n'est qu'un péché, connu, classé, catalogué et vous punissez selon le tarif ceux qui ont goûté aux joies de la chair. Eh bien, les joies de la chair, vous venez de les voir, et vous avez pu constater qu'elles portent en elles-mêmes leur punition. Le boulanger vous a fait peur.

LE CURÉ. – Eh oui. Quand je l'ai vu torturé de la sorte, je me suis dit tout à coup : « Mais c'est une véritable maladie. Une maladie aussi soudaine que le choléra ou la peste ou la rage ! Et une maladie, tout le monde peut l'attraper ! »

LE MARQUIS. – Cela dépend du terrain.

LE CURÉ. – Je crains qu'il ne suffise d'être un homme. Oh ! je ne veux pas dire que j'aie des visions dans le genre de celles qui martyrisèrent notre grand saint Antoine. Je ne suis sans doute pas assez vertueux pour tenter le diable. D'autre part, ma vocation est solide. Je sens que je n'ai pas besoin d'enfants puisqu'on me donne tous ceux d'un village. D'autre part, la direction de quelques âmes troublées, les consolations aux malades, et le dévouement aux pauvres sont de bien belles occupations qui me donnent de grandes joies, et qui suffisent à remplir une vie.

LE MARQUIS. – Je sais, monsieur le Curé, que vous êtes un bon prêtre, et Monseigneur le sait aussi…

LE CURÉ. – C'est précisément parce que je me sens installé, pour ainsi dire, dans mon bonheur de prêtre, que la scène de tout à l'heure m'a bouleversé. Comme le capitaine d'un navire qui verrait un autre navire éventré sur un rocher, et qui se dirait : « Ma carène n'est pas plus épaisse que la sienne, mon gouvernail n'est pas plus grand, mes cartes ne sont pas meilleures… Moi aussi, je pourrais me briser sur un roc… »

LE MARQUIS. – Mon cher ami, pour faire naufrage, il faut naviguer. Ceux qui restent sur le quai ne risquent rien.

LE CURÉ. – On peut, monsieur le Marquis, prendre la mer sans le vouloir. Notre mission nous force à fréquenter des femmes. Et je vous avoue simplement qu'il m'est arrivé d'être frappé par un visage et d'en recevoir une impression mystérieuse mais très vive. Je ne m'en apercevais pas sur le moment ; mais brusquement, un jour, je découvrais que je pensais souvent à la même personne, que ses intérêts me devenaient chers, que sa confession me troublait. Bien entendu, j'ai réagi et même avec une certaine violence puisque c'est pour un drame de ce genre que j'ai abandonné ma première paroisse, celle de Cadenet, qui pourtant me donnait bien des satisfactions, et que j'ai demandé à changer de diocèse. J'ai donc réagi. Mais serai-je toujours capable de réagir ? Est-ce qu'une préférence inconsciente pour une femme ne peut pas brusquement grandir ? Un petit mistral est né dans la nuit. Il ne fait pas beaucoup de bruit, les feuilles frissonnent à peine… On dirait qu'il ne sert à rien, qu'à faire briller les étoiles… Et puis tout à coup, quand l'aube se lève, il pousse un grand cri de sauvage, et commence à chasser des troupeaux de chênes… Si la bourrasque éclatait sur moi, aurais-je la force et le courage de courir jusqu'à mon abri ?

LE MARQUIS. – Oh, certainement ! D'ailleurs, l'amour que nous avons vu tout à l'heure ne peut naître d'un regard, ni d'un rêve, ni d'une confession. Certes, cet émoi que vous avez ressenti c'était sans aucun doute un premier frisson de la chair. Mais pour que la passion ait le temps de pousser ses racines, il faut avoir consenti à la suite… Car la passion vit de réalités plus précises, et quand le boulanger nous parlait de sa femme, ce n'est pas son âme qu'il nous décrivait.

LE CURÉ. – C'est vrai… C'est vrai…

LE MARQUIS. – En tout cas, j'espère que le martyre du boulanger vous inspirera plus d'indulgence pour les pauvres pécheurs que nous sommes : il vous aura peut-être fait comprendre que l'amour n'est pas seulement un plaisir, et qu'un débauché, qui a quatre nièces, est peut-être un homme qui a peur de n'en avoir qu'une.

(*La Femme du boulanger,* p. 122-124.)

Le cinéma, c'est ma passion

ASTRUC, *pensif.* – Quel dommage.

IRÉNÉE. – Pourquoi quel dommage ?

ASTRUC. – Quel dommage qu'un homme comme lui, à cause de sa famille, à cause de sa situation sociale, ne puisse pas faire du cinéma.

IRÉNÉE. – C'est-à-dire ?

COUSINE. – Oh va, c'est toujours comme ça. Quand il y en a un de bien, on ne peut pas l'avoir.

IRÉNÉE. – Faire du cinéma en qualité de quoi ?

ASTRUC. – Eh bien d'acteur, voyons !

CHARLET. – Comme acteur, le physique, évidemment, compte beaucoup.

COUSINE. – L'élégance compte aussi !

MARTELETTE. – Mais ce qui compte surtout, c'est le sex-appeal.

DROMART. – Oh ça ! Du sex-appeal, il en a plein la voix.

CHARLET. – Ça, qu'est-ce que tu en sais ? Ce n'est pas aux hommes de juger, c'est aux femmes.

COUSINE. – Eh bien, moi, je trouve qu'il en a beaucoup.

CHARLET. – Et toi, Françoise, qu'est-ce que tu en dis ?

FRANÇOISE. – C'est très difficile de juger comme ça, à vue de nez. Enfin à mon avis, mais c'est un avis personnel, il me semble qu'il n'en manque pas.

IRÉNÉE, *les yeux baissés*. – Quoiqu'il soit ridicule de dire ces choses-là, moi il me semble que j'en ai un peu. Mais il faudrait que je le cultive.

COUSINE. – Oh ! C'est charmant de modestie !

IRÉNÉE. – Oh non, monsieur, je ne suis pas modeste. Je l'étais. Mais du jour où j'ai décidé de devenir un artiste, j'ai sacrifié la modestie.

ASTRUC. – Sérieusement ! Vous songez à faire une carrière au cinéma ?

IRÉNÉE. – Monsieur, c'est-à-dire que non seulement j'y songe mais j'en rêve, j'en suis malade, j'en crève. Le cinéma, monsieur, c'est ma passion, c'est ma folie. Pour jouer – même un petit rôle, je ferais n'importe quoi ! Je le jouerais même gratuitement, le premier bien entendu, parce que le second…

ASTRUC. – Oui, le second, ça coûterait dans les 100 000 francs.

IRÉNÉE. – Ma foi, il faut savoir profiter du succès.

COUSINE. – Même à l'avance !

FRANÇOISE. – Quel genre de rôle aimeriez-vous jouer ?

IRÉNÉE. – Mes goûts et mon tempérament me pousseraient plutôt vers les Pierre Blanchar, les Pierre-Richard Wilm, les Charles Boyer. Je ne dis pas que j'égalerai tout de suite ces grands comédiens ! Non. Mais avec un peu d'expérience ?…

FRANÇOISE. – Et un bon maquillage !

CHARLET. – Oui… Maquilleur ! Qu'est-ce qu'il faudrait pour corriger les petits défauts du visage de monsieur ?

MAQUILLEUR. – En jeune premier ?

CHARLET. – Oui.

MAQUILLEUR (*il le regarde*). – Il faudrait une scie et un marteau.

IRÉNÉE. – Quoi ?

CHARLET. – Termes techniques et imagés. Mes enfants, j'ai une idée. Et je m'étonne qu'aucun de vous ne l'ait eue avant moi.

ASTRUC. – Et quelle idée ?

CHARLET. – Le Schpountz. Le Schpountz, c'est lui.

ASTRUC. – Là, tu vas peut-être un peu vite… (*Il le regarde.*) Et pourtant, pourtant…

COUSINE. – Il ne faut pas s'emballer trop vite. Mais sans parti pris, il a véritablement la tête du Schpountz.

DROMART. – Et il en a exactement la voix.

IRÉNÉE. – Mais qu'est-ce que c'est que le Schpountz ?

CHARLET. – Le Schpountz, monsieur, c'est un rôle. Un rôle extraordinaire dans un film extraordinaire. Ce rôle, depuis cinq ans, attend l'acteur qui pourra l'incarner. On a essayé toutes les vedettes, tous les plus grands noms de l'écran ! Aucun n'a pu l'interpréter. C'est pour ainsi dire GRETA GARBO en homme. Vous vous rendez compte ?

IRÉNÉE. – Monsieur, vous m'effrayez un peu.

(*Le Schpountz*, p. 41-45.)

Le propriétaire du bar

– Cet après-midi, me dit Jules, je suis allé voir jouer Chotard. Ce Charpin est très bien. Il sera parfait dans le rôle de Panisse.

– Tu lui as parlé ? *(répond Marcel Pagnol)*.

– Non, je n'ai pas eu le temps.

– Alors, comment sais-tu qu'il veut jouer Panisse ?

– Ça me paraît tout naturel, puisque moi je joue César.

– Mais voyons, est-ce que tu as bien lu la pièce ? César n'est qu'un épisodique, on pourrait le supprimer sans changer l'intrigue ! Tandis que Panisse est un personnage essentiel ! Il a huit cents lignes, Panisse, et César n'en a pas la moitié !

– Ça m'est égal. Je préfère César.

– Mais pourquoi ?

– Parce que.

– Mais voyons, Jules, Panisse, c'est un développement de Labaume, de *L'Étoile des cocottes*… Tu as eu un triomphe dans Labaume. Souviens-toi de ce que t'a dit Lucien Guitry ! J'insistai longuement. Il leva plusieurs fois les yeux au ciel, il haussa dix fois les épaules, et finit par avouer, avec de grands éclats de voix :

– Je veux être le propriétaire du bar ! Je veux que la pièce se passe chez moi ! Ton Charpin est moins connu que moi ! Ce n'est pas M. Raimu qui doit se déranger pour aller rendre visite à M. Charpin. C'est M. Charpin qui doit venir s'expliquer chez M. Raimu… Si tu n'as pas la délicatesse de le comprendre, ce n'est pas la peine de continuer la conversation.

Il but un grand verre de vin.

– César, c'est mon rôle, c'est mon emploi. Tu ne l'as pas assez mis en avant. Tu n'as qu'à m'ajouter deux ou trois scènes et tu verras ce que j'en ferai !

Tel était Raimu. Il avait des intuitions géniales, qu'il justifiait par des raisons absurdes : c'est pour lui être agréable que j'ai complété le rôle de César, que son génie a mis au premier plan.

(Confidences, p. 171-172.)

Le miracle invisible et quotidien

MANON. – Monsieur le Curé, il faut que je vous parle tout de suite…

Le curé la regarde un moment, intrigué, puis intéressé.

LE CURÉ. – C'est si urgent ?

MANON. – Oui, monsieur le Curé… C'est même peut-être trop tard…

LE CURÉ. – Mes enfants, allez vous placer dans le cortège : au premier rang. *(Ils sortent.)* Eh bien, qu'y a-t-il ?

MANON. – Monsieur le Curé, il ne faut pas faire cette procession.

LE CURÉ, *sans surprise*. – Pourquoi ?

MANON. – Parce que j'ai honte. L'eau va revenir à la fontaine… Dans une heure ou peut-être avant, l'eau sera revenue…

LE CURÉ. – Elle reviendra s'il plaît à Dieu.

MANON. – Monsieur le Curé, c'est moi qui ai détourné la source.

LE CURÉ. – Je m'en doutais.

MANON. – Il faut que je vous dise pourquoi.

LE CURÉ. – Je le sais. J'ai tout appris en arrivant ici, mais je ne pouvais pas en parler. Pour vous venger, pour venger votre père, vous avez coupé l'eau. Je n'ai pas besoin de savoir comment : cela n'a aucune importance. Vous me dites qu'elle va revenir : tant mieux. Allons à la procession.

MANON. – Mais monsieur le Curé, les paysans vont croire que c'est un vrai miracle !

LE CURÉ. – Mais ce sera un vrai miracle.

MANON. – Mais puisque c'est moi qui l'ai remise !

LE CURÉ. – Mon enfant, les miracles ne sont pas toujours ce que vous pensez… Certes, il existe des lieux sacrés où le Seigneur accomplit, devant des foules, des miracles spectaculaires… Il y a des gens qui ont besoin, pour confirmer leur foi, que le Bon Dieu efface une grosse tumeur, ou qu'il fasse danser une moribonde subitement épanouie… C'est-à-dire que pour les sourds, Dieu sonne sa plus grosse cloche… Mais le miracle, le vrai miracle, il est invisible et quotidien… Qui vous a permis de trouver cette source que tant d'hommes avaient cherchée depuis des siècles ? Un miracle, évidemment. Ainsi le Seigneur a mis entre vos mains l'arme de la vengeance, vengeance secrète et dramatique qui a secoué ces âmes paysannes, parce qu'elle les frappait dans leur plus grand amour celui de la terre et du village… Ils ont cruellement souffert, ils en sont devenus meilleurs Mais vous, vous étiez en grand danger… Vous alliez partir, la vengeance accomplie, laissant derrière vous la ruine et le désert. Le démon a dû croire un instant qu'il vous tenait dans ses griffes… Mais par une grâce singulière, et que vous avez sans doute méritée Dieu vous a détournée du mal, il vous a inspiré la gloire et la paix du pardon… Les vrais miracles, c'est dans les âmes que Dieu les fait. Quant à l'eau, parce que vous avez tout remis en ordre, vous croyez qu'elle va couler de nouveau. En êtes-vous sûre ? S'il plaît à Dieu de l'arrêter en route, nous ne la reverrons jamais ! Et si elle jaillit tout à l'heure, je serai aussi étonné et aussi reconnaissant que si vous ne m'aviez rien dit…

(*Manon des sources*, dernière séquence.)

« La Gloire de mon père »

Les deux mains en avant, j'écartais les térébinthes et les genêts, qui étaient aussi grands que moi… J'étais encore à cinquante pas du bord de la barre, lorsqu'une détonation retentit, puis, deux secondes plus tard, une autre ! Le son venait d'en bas – je m'élançai, bouleversé de joie, lorsqu'un vol de très gros oiseaux, jaillissant du vallon piqua droit sur moi... Mais le chef de la troupe chavira soudain, ferma ses ailes et, traversant un grand genévrier, vint frapper lourdement le sol. Je me penchais pour le saisir, quand je fus à demi assommé par un choc violent qui me jeta sur les genoux : un autre oiseau venait de me tomber sur le crâne, et je fus un instant ébloui. Je frottai vigoureusement ma tête bourdonnante : je vis ma main rouge de sang. Je crus que c'était le mien, et j'allais fondre en larmes, lorsque je constatai que les volatiles étaient eux-mêmes ensanglantés, ce qui me rassura aussitôt.

Je les pris tous deux par les pattes, qui tremblaient encore du frémissement de l'agonie. C'étaient des perdrix, mais leur poids me surprit : elles étaient aussi grandes que des coqs de basse-cour, et j'avais beau hausser les bras, leurs becs rouges touchaient encore le gravier.

Alors, mon cœur sauta dans ma poitrine : des bartavelles ! Des perdrix royales ! Je les emportai vers le bord de la barre – c'était peut-être un doublé de l'oncle Jules ?

Mais, même si ce n'était pas lui, le chasseur qui devait les chercher me ferait sûrement grand accueil, et me ramènerait à la maison : j'étais sauvé !

Comme je traversais péniblement un fourré d'argéras, j'entendis une voix sonore, qui faisait rouler les r aux échos : c'était celle de l'oncle Jules, voix du salut, voix de la Providence !

À travers les branches, je le vis. Le vallon, assez large et peu boisé, n'était pas très profond. L'oncle Jules venait de la rive d'en face, et il criait, sur un ton de mauvaise humeur :

– Mais non, Joseph, mais non ! Il ne fallait pas tirrer ! Elles venaient vers moi ! C'est vos coups de fusil pour rrien qui les ont détournées !

J'entendis alors la voix de mon père, que je ne pouvais pas voir, car il devait être sous la barre :

– J'étais à bonne portée, et je crois bien que j'en ai touché une !

– Allons donc, répliqua l'oncle Jules avec mépris. Vous auriez pu peut-être en toucher une, si vous les aviez laissées passer ! Mais vous avez eu la prétention de faire le « coup du roi » et en doublé ! Vous en avez déjà manqué un ce matin, sur des perdrix qui voulaient se suicider, et vous l'essayez encore sur des bartavelles, et des bartavelles qui venaient vers moi !

– J'avoue que je me suis un peu pressé, dit mon père, d'une voix coupable... Mais pourtant...

– Pourtant, dit l'oncle d'un ton tranchant, vous avez bel et bien manqué des perdrix royales, aussi grandes que des cerfs-volants, avec un arrosoir qui couvrirait un drap de lit. Le plus triste, c'est que cette occasion unique, nous ne la retrouverons jamais ! Et si vous m'aviez laissé faire, elles seraient dans notre carnier !

– Je le reconnais, j'ai eu tort, dit mon père. Pourtant, j'ai vu voler des plumes...

– Moi aussi, ricana l'oncle Jules, j'ai vu voler de belles plumes, qui emportaient les bartavelles à soixante à l'heure, jusqu'en haut de la barre, où elles doivent se foutre de nous !

Je m'étais approché, et je voyais le pauvre Joseph. Sous sa casquette de travers, il mâchonnait nerveusement une tige de romarin, et hochait une triste figure. Alors, je bondis sur la pointe d'un cap de roches, qui s'avançait au-dessus du vallon et, le corps tendu comme un arc, je criai de toutes mes forces : « Il les a tuées ! Toutes les deux ! Il les a tuées ! »

Et dans mes petits poings sanglants d'où pendaient quatre ailes dorées, je haussais vers le ciel la gloire de mon père en face du soleil couchant.

(*La Gloire de mon père,* p. 197-198.)

« Le Château de ma mère »

Oui, c'était là. C'était bien le canal de mon enfance, avec ses aubépines, ses clématites, ses églantiers chargés de fleurs blanches, ses ronciers qui cachaient leurs griffes sous les grosses mûres grenues…

Tout le long du sentier herbeux, l'eau coulait sans bruit, éternelle, et les sauterelles d'autrefois, comme des éclaboussures, jaillissaient en rond sous mes pas. Je refis lentement le chemin des vacances, et de chères ombres marchaient près de moi.

C'est quand je le vis à travers la haie, au-dessus des platanes lointains que je reconnus l'affreux château, celui de la peur, de la peur de ma mère.

J'espérai, pendant deux secondes, que j'allais rencontrer le garde et le chien. Mais trente années avaient dévoré ma vengeance, car les méchants meurent aussi.

Je suivis la berge : c'était toujours « une passoire », mais le petit Paul n'était plus là pour en rire, avec ses belles dents de lait…

Une voix au loin m'appela : je me cachai derrière la haie, et j'avançai sans bruit, lentement, comme autrefois…

Je vis enfin le mur d'enceinte : par-delà les tessons de la crête, le mois de juin dansait sur les collines bleues ; mais au pied du mur, tout près du canal, il y avait l'horrible porte noire, celle qui n'avait pas voulu s'ouvrir sur les vacances, la porte du Père Humilié…

Dans un élan de rage aveugle, je pris à deux mains une très grosse pierre, et la levant d'abord au ciel, je la lançai vers les planches pourries qui s'effondrèrent sur le passé.

Il me sembla que je respirais mieux, que le mauvais charme était conjuré.

Mais dans les bras d'un églantier, sous des grappes de roses blanches et de l'autre côté du temps, il y avait depuis des années une très jeune femme brune qui serrait toujours sur son cœur fragile les roses rouges du colonel. Elle entendait les cris du garde, et le souffle rauque du chien. Blême, tremblante, et pour jamais inconsolable, elle ne savait pas qu'elle était chez son fils.

(*Le Château de ma mère,* p. 217-218.)

Œuvres
de Marcel Pagnol

I. Romans, essais, souvenirs

Pirouettes, Fasquelle, 1932
Notes sur le rire, Nagel, 1947
Critique des critiques, Nagel, 1949
« Souvenirs d'enfance » : 1. *La Gloire de mon père,* Pastorelly, 1957 ;
    2. *Le Château de ma mère,* Pastorelly, 1957 ;
    3. *Le Temps des secrets,* Pastorelly, 1959 ;
    4. *Le Temps des amours,* Julliard, 1977
« L'Eau des collines » : 1. *Jean de Florette,* Pastorelly, 1962 ;
    2. *Manon des sources,* Pastorelly, 1962
Le Masque de fer, Pastorelly, 1964
Le Secret du Masque de fer, Pastorelly, 1973
La Petite Fille aux yeux sombres, Julliard, 1984

II. Théâtre

Les Marchands de gloire (avec Paul Nivoix), 1925
Un direct au cœur (avec Paul Nivoix), 1926
Jazz, 1926
Topaze, 1928
Marius, 1929
Fanny, 1931
César (version pour la scène), 1946
Judas, 1955
Fabien, 1956
Angèle (version pour la scène), 1978
La Femme du boulanger (version pour la scène), 1985.

III. Films

(sauf indication contraire, Marcel Pagnol est le réalisateur des films qu'il a écrits et produits)
Marius (réal. Alexandre Korda), 1931
Topaze (réal. Louis Gasnier), 1932
Fanny (réal. Marc Allégret), 1932

Jofroi, 1933
Angèle, 1934
Merlusse, 1935
Cigalon, 1935
Topaze (2ᵉ version), 1936
César, 1936
Regain, 1937
Le Schpountz, 1937-1938
La Fille du puisatier, 1940
Naïs (réal. Raymond Leboursier), 1945
La Belle Meunière, 1948
Topaze (3ᵉ version), 1950
Manon des sources, 1952
Les Lettres de mon moulin, 1953-1954

Tous les films de Marcel Pagnol sont disponibles en vidéo-cassettes (CMF Vidéo).

Tous leurs découpages ont été publiés à plusieurs reprises. Les Éditions Bernard de Fallois en ont entrepris une édition définitive, dans la collection « Fortunio » consacrée à l'œuvre de Marcel Pagnol. C'est à cette édition que renvoient les références des pages de nos citations.

On trouvera une bibliographie-filmographie complète dans le *Marcel Pagnol* de Raymond Castans, aux Éditions Lattès.

Principaux ouvrages sur Marcel Pagnol

Audouard, Yvan, *Audouard raconte Pagnol*, Stock.
Berni, Georges, *Merveilleux Pagnol*, Pastorelly.
Bertrand, Maurice, et Jarige, Alain, *Les Collines de Pagnol*, Sciences et Culture.
Beylie, Claude, *Marcel Pagnol ou le Cinéma en liberté*, Atlas-Lherminier.
Beylie, Claude, et Lagnan, Pierre, *Les Années Pagnol*, Cinq Continents/ Hatier.
Brun, Paulette, *Raimu, mon père*, Hachette.
Calmels, Robert, *Entretiens avec Marcel Pagnol*, Pastorelly.
Castans, Raymond, *Marcel Pagnol*, Lattès.
Castans, Raymond, *Il était une fois Marcel Pagnol*, Julliard.
Clébert, Jean-Paul, *La Provence de Pagnol*, Edisud.
Combaluzier, Louis, *Le Jardin de Pagnol*, Œuvres françaises.
Jeanson, Henri, *Soixante-Dix Ans d'adolescence*, Stock.
Rim, Carlo, *Fernandel*, Calmann-Lévy.
Rossi, Tino, *Tino*, Stock.
Vattier, Robert, *Les Souvenirs de Monsieur Brun*, Laffont.

JUGEMENTS

Des films pour notre bonheur

J'aime Pagnol parce qu'il est le contraire d'un réaliste. Je ne vais pas au cinéma pour voir ce que je peux voir dans la rue ou chez mon voisin. Pagnol, dans les années trente, n'a cessé de proclamer qu'il n'était pas réaliste, mais personne ne voulait le croire. Sous prétexte que justement il créait des moments trop vrais, plus vrais que la vie.

J'aime Pagnol pour sa conception de la mise en scène. Être metteur en scène, c'est créer des événements avec des images, des mots, des comédiens, des objets, des ombres et de la lumière. C'est raconter une histoire qui se passe en un point précis de notre planète mais qui pourrait arriver n'importe où de par le monde. [...]

Auteur et cinéaste exceptionnel, il a fait des films pour notre plaisir et notre bonheur. C'est cela, la leçon de Pagnol : en sortant d'un de ses films, on était heureux. Parfois même, on se croyait meilleur.

Je nous souhaite, et je vous souhaite, aujourd'hui ou demain, sur nos écrans, des films qui rendent aussi heureux que ceux de Marcel Pagnol.

Jean-Charles Tacchella.

Une heureuse distraction

Marcel Pagnol fut sans doute un des premiers à oublier que, selon sa propre formule, « le film parlant est l'art d'imprimer, de fixer et de diffuser le théâtre », ou, s'il ne l'oublia pas tout à fait, il fit preuve d'une distraction des plus heureuses quand il composa des films comme *Angèle* ou *La Femme du boulanger*. Quoique notre dispute n'ait pas de fin prévisible, il s'arrangea pour avoir le dernier mot par avance en publiant vers 1945 un article qui en rappelait les phases principales et se terminait ainsi :

« Sans l'avouer, nous nous sommes mutuellement convaincus. Il s'est mis à faire des films parlants qui parlent... J'ai cherché, à cause de lui, à réaliser des images. Si notre querelle continue, et je crois qu'elle durera aussi longtemps que notre amitié, qui est parfaitement indestructible, je finirai par tourner des films muets, pendant qu'il fera du charme à la radio. »

René Clair.

Un travelling sur le Prado

Je me souviens particulièrement de mon dernier jour de tournage (dans *César*), il y avait un très long travelling sur le Prado, au milieu d'un boucan infernal d'automobiles, de tramways, enfin de quoi faire fuir n'importe quel metteur en scène ! Eh bien, Pagnol a fait son travelling dans ce vacarme, et la scène est sortie telle qu'il l'a tournée.

Pierre Fresnay.

L'homme des tours de force

Pagnol était simplement un entraîneur d'hommes, un persuasif. Il disait : « Mes enfants, on va faire ça ! » et ce « on va faire ça » était décisif. Aucun de nous n'aurait conçu que « ça » ne se fasse pas. Et on le faisait. C'est ainsi que Pagnol a obtenu des tours de force de ses acteurs et de ses techniciens. Pour moi, c'est *Monsieur cinéma* en Europe. Marcel Pagnol a disposé d'une équipe dont aucun cinéaste ne disposera jamais en Europe. Il serait venu nous réveiller, à n'importe quelle heure de la nuit, nous aurions été d'accord. [...] Il faut rendre un hommage spécial à Pagnol et à Jules Raimu, mon camarade, qui ont fait énormément pour les Marseillais et pour toute la Provence. Après Pagnol et Raimu, qu'est-ce qu'on a appris ? On a appris que l'accent marseillais faisait tout bêtement pleurer. C'est tout.

Charles Blavette.

Il fallait le faire !

On tournait *Le Schpountz* l'après-midi et *Regain* le matin, parce que le paysage et les acteurs étaient les mêmes dans les deux films. Il fallait le faire, jouer deux personnages dans la même journée. Je n'aurais jamais accepté avec un autre que Pagnol.

Fernandel.

Un cinéaste indépendant

Ne nous y trompons pas. Le cinéma français existe parce qu'il y a encore des gens indépendants, des gens qui ne sont pas soumis aux trusts. La plupart de mes collègues, du plus petit au plus illustre, travaillent pour les grandes maisons américaines ou pour la Tobie et la UFA, qui sont allemandes et sous le contrôle direct de Hitler et Goebbels*. Je ne les blâme pas. Il faut bien vivre. Je blâme simplement les pouvoirs publics qui laissent nos adversaires s'emparer lentement, mais sûrement, de notre marché national.
Rendons hommage à Marcel Pagnol, qui s'est soustrait à toutes ces combinaisons, et est resté absolument libre. Sa position est assez forte maintenant pour que, ayant fabriqué un film, il puisse le projeter devant le public sans passer par les intermédiaires dangereux que nous connaissons trop. On aime ou on n'aime pas ses films. On est d'accord ou pas d'accord avec lui, mais ce qu'il dit, il le pense, et il ne va prendre de mot d'ordre nulle part.

Jean Renoir. (*Écrit en 1938.)

Un homme de Marseille

Marcel Pagnol est un grand auteur parce qu'il est resté un homme de Marseille. Quand il parle, il ne parle pas en son nom seulement, mais au nom de plusieurs millions de petits bourgeois ou de petits commerçants méridionaux qui s'expriment par sa bouche. Un homme tout seul, ce n'est pas grand-chose, mais un homme qui a su devenir le porte-parole d'une foule, c'est beaucoup plus intéressant, et il est assez curieux de constater que l'internationalisme maladroit mène à une espèce d'individualisme forcené et faux. À force de voir trop de monde, on ne voit plus personne, et sur terre il n'y a qu'une chose qui compte, c'est le contact. Et je suis bien sûr que lorsqu'on voit et entend un film de Marcel Pagnol à Londres, on comprend qu'il ne parle pas tout seul, que ce n'est pas seulement lui qui agit derrière l'écran, mais bien toute une population ardente et travailleuse, beaucoup plus susceptible qu'un seul homme d'intéresser le public.

Jean Renoir.

Ce qu'il ne faut pas faire...

Marcel Pagnol a obscurci lui-même, à plaisir, ses rapports avec le cinéma en se proclamant champion du théâtre filmé. Prise sous cet aspect, son œuvre est indéfendable. Elle constitue en effet l'exemple de ce qu'il ne faut pas faire en matière d'adaptation théâtrale à l'écran. Photographier une pièce en transportant purement et simplement les acteurs de la scène dans un décor naturel est le plus sûr moyen d'enlever aux dialogues leur raison d'être, leur âme même. Non que le passage d'un texte du théâtre à l'écran soit impossible, mais seulement au prix des subtiles compensations de tout un système de précautions ayant au fond pour but non point de faire oublier, mais de sauvegarder la théâtralité de l'œuvre. Substituer, comme semblait le faire Pagnol, le soleil du Midi aux feux de la rampe aurait dû être le meilleur moyen de tuer le texte par insolation. Quant à admirer *Marius* ou *La Femme du boulanger*, en déclarant que leur seul défaut est de « n'être pas du cinéma », c'est rejoindre la sottise des censeurs qui condamnaient Corneille au nom des règles de la tragédie. Le « cinéma » n'est pas une abstraction, une essence, mais la somme de tout ce qui, par le truchement du film, atteint à la qualité de l'art. [...]

Manon des sources permet enfin de dissiper le malentendu, car voici un texte injouable au théâtre, sinon au prix d'une adaptation laborieuse et nuisible. Dans le meilleur des cas imaginables, *Manon des sources*, à la scène, ne serait que du « cinéma théâtralisé ». Mais Pagnol a-t-il jamais fait autre chose que d'écrire pour l'écran des textes qui pouvaient aussi à la rigueur être portés à la scène ?

La priorité des dates ne fait rien à l'affaire : elle est accidentelle.

André Bazin.

Des hommes de parole

Cette parole est la raison d'être de l'existence des personnages. Ils en jouent comme quelque chose qui les dépasse, comme si elle leur permettait d'entrer dans une durée qui est bien au-delà de leur propre durée de vie. Elle est leur imaginaire collectif, leur cérémonial. Cette parole, ils ne sont là que pour la faire chanter, jouer avec elle, se régaler de ses expressions les plus savoureuses. Ces hommes de parole, Pagnol nous les montre avec un réalisme presque naturaliste. Ils sont assis autour d'une table, dînent, jouent aux cartes, palabrent autour d'un pastis, mais leurs désirs, leurs rêves sont portés par cette langue dont Pagnol, gourmand et virtuose, exalte les fantastiques possibilités d'invention.

Jean Douchet.

Un écrivain du Sud

Pagnol est un écrivain du Sud, de la présence des hommes. Les écrivains du Nord commencent par la « nature », ceux du Sud par les événements ou les gens ; il n'y a chez lui que l'aventure humaine dans toute sa dimension, elle inclut tout le reste. C'est parce qu'il ne se laisse jamais, tout comme Victor Hugo, fléchir par la fausse pudeur qu'il a su donner à ses personnages cette puissance de sentiments et les faire passer dans l'âme du spectateur-lecteur. Pour cette raison il restera un des grands témoins de l'existence humaine.

Georges-Arthur Goldschmidt.

■ Orane Demazis, la « Fanny » éternelle.

TABLE

Illustrations

Coll. Famille Pagnol : 22, 23, 32-33, 36, 72, 108, 109, 166, 175, 200, 201.

Compagnie méditerranéenne de films : 4, 12, 15, 38, 41, 48, 52, 53, 56-57, 77, 80, 82-83, 91, 93, 100-101, 102, 104h, 104b, 105hd, 105b, 106b, 107h, 113, 114, 118-119, 125, 136-137, 143, 147, 161, 171, 201, 205 ; Roger Forster : 74-75 ; N. de Morgoli : 46 ; Paramount : 59, 62, 128.

Coll. Aviérinos : 156. – J.-L. Charmet : 110, 116. – Roger Corbeau : 10, 11, 44, 49, 50, 54, 66, 70-71, 84-85, 87, 96, 105hg, 106h, 107b, 131, 151, 178. – Henri Dariès : 21, 24, 123, 126. – Gérard Detaille : 18-19, 26-27, 34-35, 172, 174. – Jean Dubout : 8-9, 141. – Kobal Collection : 7. – S. Weiss-Rapho : 132. – Roger-Viollet : 154. – Lipnitzki-Viollet : 162-163. – E. George-Sygma : 65, 168.

La caricature de la p. 200 est de Romi et a paru dans *Bravo*.
Celle de la p. 201 est de Rip (DR).

Maquette et réalisation PAO Éditions du Seuil.
Iconographie : Anne Mensior.
Photogravure : W-Digamma, Neuilly-Plaisancè.

Achevé d'imprimer par Aubin, Ligugé.
Dépôt légal mars 1994. N° 18403 (P44343).